Chan. BOUTIN.

CINQ VENDÉENNES

martyres de la Foi :

Charlotte du Tréhand,
veuve du comte de Chabot.

Marie du Tréhand.

Armande du Tréhand.

Bénigne de Bessay.

Marie-Jeanne Thibault,
de la Pinière.

LUÇON. — IMPRIMERIE S. PACTEAU
43, Rue Georges-Clemenceau

—

1925

CINQ VENDÉENNES
martyres de la Foi

Chan. BOUTIN.

CINQ VENDÉENNES

martyres de la Foi :

Charlotte du Tréhand,
veuve du comte de Chabot

Marie du Tréhand.

Armande du Tréhand.

Bénigne de Bessay.

Marie-Jeanne Thibault,
de la Pinière.

LUÇON. — IMPRIMERIE S. PACTEAU
43, Rue Georges-Clemenceau

—

1925

A MADAME

LA COMTESSE DE CHABOT

NÉE CHARLOTTE-MARGUERITE DU BUAT

DOUAIRIÈRE

AU PARC SOUBISE

ET A TOUTE SA FAMILLE

Cinq Vendéennes Martyres de la foi :

Charlotte DU **Tréhand**, veuve de Charles-Louis
DE CHABOT, DE MONTAIGU.

Marie et Armande DU **Tréhand**, sœurs, cousines
de la précédente, DE MONTAIGU.

Bénigne DE **Bessay**, de St-Martin-Lars-en-Tif-
fauges.

Marie-Jeanne **Thibault** de la Pinière, de Tiffauges (A).

I

Charlotte du Tréhand ; sa famille ; son mariage

Pendant, au moins, deux siècles, le Hallay, situé
dans la paroisse de Boufféré, eut, pour seigneurs, les
DU TRÉHAND, famille noble et illustre, alliée aux plus

(A) Conformément au décret d'Urbain VIII, nous déclarons qu'en
donnant, dans cette notice, le nom de *saintes* et de *martyres* aux personnes dont nous racontons l'histoire, nous n'entendons aucunement
devancer le jugement de la Sainte Eglise, à laquelle nous sommes et
voulons toujours être entièrement soumis.

beaux noms du Bas-Poitou (1), mais plus noble encore par les sentiments chrétiens qui l'animaient.

Ils habitaient encore le vieux castel dans la première moitié du XVIII⁰ siècle.

Des seigneurs de cette dernière époque, *Claude-Philippe du Tréhand* est celui qui nous intéresse le plus, parce que sa descendance a fourni, durant l'époque révolutionnaire, trois martyres de la foi catholique. Vers la fin du XVII⁰ siècle, il avait épousé Anne-Madeleine du Chaffault et de leur mariage étaient issus quatre fils (2). Deux d'entre eux, *Claude-Augustin* et *Joseph-Joachim* devaient compter, parmi leurs enfants, le premier une fille et le second deux filles qui projetteraient sur le nom des du Tréand un éclat sans pareil, en l'auréolant de la gloire du martyre.

Le premier des deux frères, inscrit ci-dessus, *Claude-Augustin du Tréhand* avait épousé, vers 1720, Marie-Jeanne de Gastinayre, d'une famille non moins illustre (3), habitant la Preuille, en Saint-Hilaire de-

(1) Ils avaient des alliances avec les Morisson de la Bassetière, les de Chabot, les de Gastinayre, les Jousseaume de la Bretesche, les du Chaffault, etc... — Leur nom est diversement orthographié dans les Registres paroissiaux où on lit *de* ou *du Tréhant, du Tréhand* et aussi *du Tréhan, du Tréan*. Nous avons adopté l'orthographe admise le plus généralement dans les derniers actes concernant cette famille.

Les du Tréhand portaient : « *Gironné de sable et d'argent de douze pièces* ». (D'Hozier, *Armorial général du Poitou*).

(2) *Gabriel*, baptisé à Boufféré le 11 déc. 1696, mort quelques jours après le 16 déc. — *Claude-Augustin*, baptisé au même lieu le 22 mars 1699 ; — *Joseph-Joachim*, baptisé au même lieu le 20 mars 1703 ; — et *Antoine-Eustache*, baptisé aussi dans la même église le 10 avril 1704.

(3) Les *Gastinaire*, originaires de Verceil, en Piémont, se rattachaient en ligne collatérale à Mercurin de Arborio de Gattinaria, chancelier de Charles-Quint et cardinal du titre de Saint Jean-Porte-Latine. En récompense de ses services, l'empereur lui avait donné les terres et le titre de Gattinaria. Les frères du cardinal quittèrent alors le nom de *Arborio* qu'ils portaient précédemment, pour prendre celui de Gattinaria que l'un d'eux changea en celui de Gastinaire, lors de son mariage avec l'héritière de la Preuille, en 1500. — Le blason des Gastinaire était quelque peu funèbre ; il portait : *d'azur à deux os de mort d'argent mis en sautoir et cantonnés de quatre fleurs de lis d'or.* — Cf. Beauchet-Filleau, *Dict. des familles du Poitou.*

Loulay ; et de leur union étaient nés trois enfants (1), dont *Charlotte-Augustine*, l'une de nos trois futures martyres. Les deux époux avaient élu domicile en la paroisse de Saint-Jean de Montaigu où leurs enfants furent baptisés.

Charlotte-Augustine, née le 29 janvier 1726, fut ondoyée à la maison, le surlendemain, 31 janvier, par Messire Louis-Gilles de la Roche-Saint-André, chevalier, seigneur des Ganuchères (2), par permission spéciale de M. l'abbé d'Andigné, doyen du Chapitre de Luçon et vicaire général de l'évêque. Les cérémonies du baptême lui furent solennellement suppléées, dans l'église de la paroisse, le 3 mars suivant, par M. Douteau, curé. Le parrain était Messire Alexis-Auguste du Chaffault, chevalier, seigneur de la Sénardière, conseiller au parlement de Bretagne, de la paroisse de St-Etienne de Rennes, et la marraine dame Charlotte de Saint-Légier, épouse du susdit Louis-Gilles de la Roche-Saint-André. Un nombreux et brillant cortège assistait à la cérémonie (3).

(1) *Marie-Jeanne-Céleste*, baptisée le 16 juin 1723 ; — *Charlotte-Augustine*, née le 29 janvier 1726 ; — *Esprit-Marie*, baptisée le 3 janvier 1728, décédée le 21 mars 1735. (*Reg. paroiss. de St-Jean de Montaigu*).

(2) Il était le père de *Louis-Joachim de la Roche-Saint-André*, missionnaire, qui, le 20 décembre 1793, devait porter sa tête sur l'échafaud, en témoignage de sa foi. Une *Notice* particulière a été consacrée à ce prêtre-martyr.

(3) « Le troisième de mars mil sept cent vingt et six, j'ay suppléé les cérémonies du batesme à Charlotte-Augustine, fille de Messire Claude-Augustin du Tréhan, chevalier, seigneur du Hallay et de dame Marie-Jeanne de Gastinayre son épouse, née le vingt et neuf de janvier dernier et batisée à la maison par Messire Louis-Gilles de la Roche-Saint-André, chevalier, seigneur des Ganuchères, capitaine de vaisseaus, chevalier de l'ordre militaire de Saint-Louis, le trente un et dernier du dit mois de janvier dernier, par permission spéciale de Messire l'abbé d'Andigné, doien de Luçon et vicaire général de Mgr l'évesque du dit Luçon. Ont été parein et mareine aux cérémonies de la dite Charlotte-Augustine : Messire Alexis-Augustin du Chaffault, chevalier, seigneur de la Sénardière, conseiller au parlement de Bretagne, de la paroisse de St-Estienne de Rennes, en Bretagne, et mareine dame Charlotte de Saint-Légier, dame de la Roche-Saint-André, épouse du

Le milieu, où grandit Charlotte-Augustine, devait être un de ces foyers très chrétiens, que l'on rencontrait alors dans la plupart des familles nobles de la contrée. L'ensemble de sa vie et sa fidélité jusque dans la mort nous paraissent en être la meilleure preuve.

Quand vint pour elle le moment de choisir un état de vie, un brillant parti se présenta. Messire Charles-Louis de Chabot, chevalier, seigneur de Bourdevère, fils de Messire Louis-François de Chabot et de Catherine-Renée Jousseaume de la Bretesche, demanda sa main et fut agréé. Le prétendant, de noble lignée, habitant la paroisse de Sainte-Cécile, était un jeune homme d'avenir, ayant déjà le titre d'enseigne de vaisseau, au département de Rochefort. Le mariage fut décidé. Le 6 janvier 1747, M. Douteau, curé de Montaigu, en faisait la publication et, 4 jours après, le 10 janvier, la cérémonie se célébrait en grande pompe dans la chapelle du Couboureau, lieu d'origine de la mère de l'époux. Les conjoints étant parents du troisième au quatrième degré, une dispense d'empêchement de consanguinité avait été demandée aux évêques de Luçon et de la Rochelle, qui avaient accordé aussi une dispense de deux bans (1).

Ce mariage, contracté sous de si heureux auspices, reçut la bénédiction du ciel. Sept enfants en furent les fruits (2). Après son mariage, Charles Louis de Cha-

---

susdit Messire Louis-Gilles de la Roche, de cette paroisse ; les tous soussignés avec nous et plusieurs autres qui ont assisté à la cérémonie. (Signé) de Saint-Légier de la Roche, Alexis Augustin du Chaffault, de la Roche-Saint-André, Séraphin du Chaffault, Esprit de la Bretesche, Marverite (sic) Lallo, de la Roche-Saint-André, Saint-Pé, Marie-Jeanne de Gastinayre, du Tréhand. Claude-Augustin du Tréhand, P. Douteau, curé de Montaigu. » (*Reg. par. de St-Jean-Bapt. de Montaigu*).

(1) Cf. *Reg. paroissiaux de Montaigu*, à la date.

(2) *Charles-Augustin*, baptisé à Montaigu le 7 janvier 1748 ; — *Esprit-Louise-Charlotte*, baptisée à Boufféré le 20 avril 1750 ; — *Marie-Charles*, baptisé au même lieu le 16 août 1751 : — *César-Auguste*, baptisé à Montaigu le 16 mars 1753 ; — *Anne-Hilarion*, baptisé à Boufféré le 8 août 1754, — *Modeste-Pélagie*, baptisée au même lieu le 3 novem-

bot vint habiter le Hallay, avec son épouse. Cinq de leurs enfants y virent le jour, les deux autres naquirent à Montaigu où les parents avaient apparemment une maison et un quasi domicile.

Le bonheur semble avoir été l'hôte de leur foyer, durant d'assez longues années ; mais l'épreuve vint à son tour, et à plusieurs reprises, semer le deuil au cœur de Charlotte-Augustine.

Le 14 septembre 1772, décédait Marie-Jeanne de Gastinaire, sa mère, dont l'inhumation avait lieu le lendemain, dans le cimetière de Saint-Jean de Montaigu.

Moins de trois ans après, c'était le tour de son mari, Louis-Charles de Chabot, chevalier, seigneur du Hallay, Thénies, les Bouchaux et autres lieux, chevalier de l'ordre royal et militaire de Saint-Louis, que la mort frappait le 16 avril 1775. Son inhumation avait lieu le surlendemain au cimetière de Montaigu. « Messieurs du Chapitre de Saint-Maurice assistaient à la sépulture ». Louis-Charles de Chabot était décédé au Hallay.

Quelques années plus tard, le 3 juin 1784, la pauvre veuve conduisait au même cimetière le corps de son père, Messire Claude-Augustin de Tréhand, chevalier, seigneur du Hallay. Le défunt était âgé de 85 ans. « Messieurs du Chapitre de Saint-Maurice » étaient encore présents à la cérémonie funèbre (1).

L'assistance à ces sépultures des chanoines de Saint-Maurice montre en quelle estime était tenue cette famille.

Notons encore que trois de ses fils n'existaient plus au moment de la Révolution. C'était donc trois nou-

---

bre 1756 : — et *Anne-François*, baptisé aussi au même lieu le 29 mars 1760. (*Reg. paroiss.* de Boufféré et de St-Jean-Bapt. de Montaigu).

(1) Pour ces actes de décès voir *Reg. paroiss.* de St-Jean-Baptiste de Montaigu.

velles épreuves qui étaient venues s'ajouter aux précédentes (1).

Ces deuils successifs affligèrent profondément le cœur de Charlotte-Augustine. C'est peut-être après la mort de son mari, qu'elle vint se fixer définitivement à Montaigu. Dans son interrogatoire du 2 pluviôse, an 2, elle se dit, en effet, domiciliée en cette ville (2).

(1) Voir son interrogatoire du 1er pluviôse où elle dit n'avoir plus que *deux fils*. Or, elle en avait eu cinq.

(2) Charlotte du Tréhand, veuve de Chabot, a été l'arrière grand'mère de M. le comte de Chabot du Parc-Soubise, qui a écrit de si jolies pages sur l'histoire de la Vendée, à l'époque de la Révolution. — *(Vendée Historique* X. 435).

II

Marie et Armande du Tréhand ; leur famille

Marie et Armande du Tréhand étaient les cousines germaines de Charlotte-Augustine et résidaient, en même temps qu'elle, dans la petite cité bas-poitevine. Elles devaient avoir entre elles de fréquentes relations ; c'est pourquoi nous les unissons dans la même notice. D'ailleurs leurs sentiments étaient les mêmes ; de part et d'autre, c'était la même foi, la même générosité d'âme et finalement ce fut le même courage devant la mort, endurée pour la religion.

Marie et Armande étaient filles de Messire Joseph-Joachim du Tréhand, chevalier, seigneur de Boisame, qui s'était uni, vers 1730, à damoiselle Marie-Jeanne Parent, avec laquelle il était allé habiter la petite ville de Mortagne ou Saint-Christophe-du-Bois, peut-être les deux localités successivement.

De leur union naquirent cinq enfants (1) parmi les-

____

(1) *Joseph-Alexis,* baptisé... (date inconnue). Le 13 juillet 1770, il signe à l'acte de sépulture de *sa sœur* Marie-Julie-Françoise et est désigné avec le titre d'« ancien capitaine au régiment de Soubise ». Il vivait au moment de la Révolution, ainsi que le déclarent ses deux sœurs, Marie et Armande, dans leurs interrogatoires des 1er et 7 pluviôse, an 2. — *Esprit...* baptisée... (date inconnue). Elle est signalée dans l'acte d'inhumation de ·Marie-Jeanne Parent, sa mère, comme ayant assisté à sa sépulture, le 14 décembre 1764, avec *ses sœurs,* Marie

quels les deux filles prédestinées, dont nous avons inscrit les noms en tête de ce chapitre.

La première, *Marie-Louise*, avait été baptisée le jour même de sa naissance, le 23 décembre 1737, dans l'église de Mortagne, par M. Mérand, curé de la paroisse. Messire Louis de la Boucherie, écuyer, seigneur de la Coestière et demoiselle Louise de la Boucherie l'avaient tenue sur les fonts du baptême (1).

Sa sœur *Iphigénie-Armande*, née le 22 novembre 1740, avait reçu semblable grâce, le lendemain de sa naissance, dans l'église de Mortagne, des mains de M. Jahan, successeur de M. Mérand à la cure de ce lieu. En marge de l'acte, on lit : « Iphigénie-Armande du Tréhand, *de la paroisse de Saint-Christophe-du-Bois* (2) ».

et Armande. On donnait couramment autrefois le nom d'*Esprit* aux garçons et aux filles. — *Marie et Armande* dont nous donnons ci-après les actes de baptême. — *Marie-Julie-Françoise* baptisée le 27 août 1742 ; décédée le 12 juillet 1770 et ensépulturée le lendemain. Tous ces baptêmes eurent lieu dans l'église de Mortagne. (Cf. *Reg. paroiss. de Mortagne*, à la mairie de la dite commune et au greffe de la Roche-sur-Yon).

(1) « Le même jour, vingt-trois décembre mil sept cent trente sept, par moy curé soussigné a été baptisée *Marie-Louise*, née de ce jour, fille du légitime mariage de messire Joseph-Joachim du Tréhand, chevalier, seigneur de Boisame et de dame Marie-Jeanne Parent, son épouse. Le parein a été messire Loüis de la Boucherie, écuyer, seigneur de la coestière et mareinne demoiselle Louise de la Boucherie qui ont signé.

Loüis de la Boucherie, Loüise Boucherie, Joseph du Tréhand, Mérand, curé de Mortagne ».

(Reg. paroiss. de Mortagne, à la date. (Greffe de la Roche-sur-Yon).

(2) « Le vingt-trois novembre mil sept cent quarante, par moy curé soussigné a été baptisée *Iphigénie-Armande*, née d'hier au matin, fille du légitime mariage de Messire Joseph-Joachim du Trehand, chevalier, seigneur de Boisasme et de dame Marie-Jeanne Parent son épouse. Le parain a été haut et puissant seigneur Messire Armand-Louis Jousseaume, marquis de la Bretesche et la mareinne dame Marie-Jeanne de Gatinère (sic) épouse de Messire Claude-Augustin du Tréhand, qui ont signé.

Marie-Jeanne de Gatinayre, Armand-Louis Jousseaume de la Bretesche, Marie du Tréhand, Esprit Baudry-d'Asson, Charles-Louis-Pierre de Pontdevie, Le chevalier de la Bretesche, de l'Ecorce, François-Joseph du Tréhand, Jacques Bruneau (?). Claude-Augustin du Tréhand, Joseph du Tréhand, Jahan, curé de Mortagne ».

En marge de l'acte, on lit : « Iphigénie-Armande du Tréhand, de la paroisse de Saint-Christophe-du-Bois ».

(*Reg. paroiss. de Mortagne*, à la date).

C'est cette note marginale qui nous a fait supposer que Joseph-Joachim du Tréhand et son épouse avaient deux domiciles, l'un à Mortagne, l'autre à Saint-Christophe.

Nous ne savons rien de l'éducation qu'ils donnèrent à leurs enfants ; mais la fermeté avec laquelle Marie et Armande défendirent leur foi au prix de leur vie, nous dit assez ce que devait être leur foyer au point de vue chrétien.

Elles y connurent de grandes épreuves. A trois reprises, la mort vint y semer le deuil. C'est tout d'abord l'épouse, la mère, qui fut enlevée à l'affection des siens, le 14 décembre 1764. Son inhumation eut lieu le lendemain dans l'église de Mortagne, en présence des « demoiselles Marie, Esprit et Armande du Tréhand ses filles ». Elle était âgée d'environ 54 ans. Son mari ne paraît pas à la sépulture.

Quatre ans après, le 23 juillet 1768, l'époux, le père, décédait à son tour, à Boufféré, où il fut inhumé, le lendemain, dans le cimetière de la paroisse. Après la mort de sa femme, il s'était sans doute retiré près des siens avec ses filles, et c'est vraisemblablement après le décès de leur père, que celles-ci se fixèrent à Montaigu. Dans l'interrogatoire qu'elles durent subir, avant leur condamnation, le 1er pluviôse, an 2, elles se donnent comme ayant leur domicile en cette petite ville.

Le troisième deuil fut causé par la mort de leur jeune sœur, Marie-Julie-Françoise, qui rendit son âme à Dieu, le 12 juillet 1770, à Mortagne où elle habitait. Son inhumation eut lieu le lendemain dans le cimetière de la paroisse, en présence de « Messire Joseph-Alexis du Tréhand, ancien capitaine au régiment de Soubise, son frère et demoiselle Iphigénie-Armande du Tréhand, sa sœur (1) ».

(1) Pour ces trois actes de décès, voir les *Reg. paroiss.* aux dates.

A Montaigu, la vie des deux sœurs peut se conjecturer aisément à partir de cette époque. Elles s'y livraient à la piété et aux œuvres de la charité chrétienne, édifiant la ville tout entière par leur assiduité aux divers offices de la paroisse.

III

La veuve de Chabot et les Demoiselles du Tréhand, à Montaigu, pendant la Révolution

Deux signes marquèrent, dès le début, la Révolution ; son esprit *anti-religieux* et son caractère *politique*. Au point de vue politique, des réformes s'imposaient ; la chose est certaine. Aussi, malgré la hardiesse de ses lois faisant table rase du passé, pour asseoir le nouveau régime, on ne parut pas d'abord trop effrayé. Même sous le rapport religieux, l'illusion se faisait au fond des cœurs. En dépit des mesures radicales dont chaque jour voyait la réalisation, prêtres et fidèles se croyaient à l'abri de toute inquiétude, se reposant en paix sur la sagesse des législateurs et du roi.

Cependant quand parut le décret de la *Constitution civile du clergé*, les esprits judicieux ne cachèrent pas leurs craintes et lorsqu'on en vint à son application, au commencement de 1791, en voulant imposer aux prêtres un serment schismatique, les vrais fidèles n'eurent qu'un cri d'indignation et de réprobation.

De ce nombre étaient Charlotte, Marie et Armande du Tréhand.

Les ecclésiastiques, qui eurent la faiblesse d'accepter ce serment, se virent rejetés par la partie saine de la population. Les autres, au contraire, furent considérés, à juste titre, comme de vrais confesseurs de la foi et entourés plus que jamais d'estime et de vénération. Une auréole de sainteté entourait leur front. Autant on désertait les offices des assermentés, autant on se pressait à la messe des bons prêtres. D'eux seuls on voulait recevoir les sacrements.

Les trois dames du Tréhand s'étaient rangées parmi ces catholiques fermes et intransigeants, restés attachés au culte de leurs pères, Dans les interrogatoires qu'elles subiront et qu'on lira ci-après, elles l'affirment sans restriction et sans crainte. Jamais on ne les vit aux messes des ministres constitutionnels ; et, toutes les fois qu'elles le pouvaient, elles assistaient à celles de leurs vrais et légitimes pasteurs. Cette attitude courageuse, à une époque si troublée et dans une petite ville où la Révolution comptait de nombreux et fervents adeptes, était une véritable confession publique de foi catholique, apostolique et romaine.

Montaigu eut le bonheur de voir les pasteurs de ses trois paroisses et les chanoines de la collégiale de Saint-Maurice demeurer fidèles aux vrais principes de la théologie catholique (1). Mais ils ne purent longtemps rester à la tête de leurs troupeaux. Dès le mois d'octobre 1791, la petite cité, qui était chef-lieu de district, avait son curé constitutionnel auquel furent livrés l'église Saint-Jean et le presbytère (2). Pour pouvoir exercer leur ministère, les pasteurs légitimes eurent, dès lors, à s'entourer de grandes précautions

(1) Le curé de Saint-Nicolas, M. Poulain, fut le seul qui, par faiblesse, se soumit à la législation impie de la *Constitution civile du clergé* ; mais il ne tarda pas à se ressaisir, en se rétractant. Sa vie devint alors des plus édifiantes et sa mort fut celle d'un martyr.

Avant la Révolution, Montaigu avait 3 paroisses : Saint-Jean, Saint-Jacques et Saint-Nicolas, une collégiale dite de *Saint-Maurice* et un couvent de l'ordre de Fontevrault, appelé *Saint-Sauveur*.

(2) *Bouche Claude*, ex-vicaire assermenté d'Ardelay, devint curé constitutionnel de Montaigu, en octobre 1791. Prisonnier des Vendéens le 14 mars 1793, il fut, plus tard, délivré par les Républicains. On ne sait ce qu'il est devenu.

et les fidèles qui, malgré tout, venaient assister à leur messe, accomplissaient un acte de courage très méritoire et digne d'admiration.

Au mois de mars 1792, M. Raillon, curé de Saint-Jean de Montaigu (1) était mandé nommément à Fontenay par le Département pour y être interné. On lui reprochait son refus de serment et l'influence qu'il exerçait autour de lui. Les autres prêtres de la ville comprirent alors qu'ils devaient se cacher sans retard. M. Marion, curé de Saint-Jacques, se réfugia dans les Maines (2) et M. Poulain, curé de Saint-Nicolas, du côté de la Bruffière (3). A partir d'avril 1792 jusqu'au 13 mars 1793, le service du culte catholique fut donc forcément interrompu à Montaigu.

Lorsque, à cette dernière date, éclata l'insurrection vendéenne, la ville fut enlevée aux républicains qui ne la réoccupèrent définitivement qu'à la fin du mois de septembre suivant (4). Durant cet intervalle d'environ six mois où les Vendéens restèrent maîtres de la situation, le culte divin y fut célébré par des prêtres

---

(1) *Raillon Jacques*, né à Bourgoing (Isère) fut prof. de seconde au collège de Luçon, et succéda à M. Potel, comme curé de Saint-Jean de Montaigu, vers le mois de novembre 1790. Retiré à Paris en 1792 il en partit pour se déporter en Espagne, après le décret du 26 août. En 1794, il se trouvait à Mindrizio (Suisse), auprès de Mgr de Mercy. Rentré au Concordat, il devint précepteur des enfants de M. Portalis, conseiller d'Etat et fut nommé archevêque d'Aix, en 1830. Il y mourut en 1835. — A laissé une *Hist. de Saint Ambroise*, inédite, un petit *recueil d'Idylles*, dédié à Cambacérès et le *Temple de l'amitié*, autre recueil de poésie.

(2) *Marion Pierre-Hubert*, curé de Saint-Jacques depuis 1771, refusa lui aussi le serment et se cacha dans les Maines. Le 4 août 1795, il assistait au *synode du Poiré*. Mort au commencement du XIX° siècle.

(3) *Poulain Charles-Dominique*, ex-curé de Treize-Septiers, était curé de Saint-Nicolas, depuis le 10 Janvier 1782. Prêta le serment puis le rétracta peu après et se cacha à la Bruffière. Découvert en oct. 1793 par les Bleus, il fut ramené à Montaigu et fusillé près de son église, sur le pont de Saint-Nicolas.

(4) Un de leurs premiers actes, après la reprise de cette place, fut d'incendier les deux églises paroissiales de Saint-Jacques et de Saint-Nicolas. — Cf. Mignen, *Paroisses de Montaigu*, p. 146.

insermentés accourus des divers lieux où ils se tenaient cachés. Les fidèles purent alors assister aux offices religieux dont ils avaient été privés depuis si long-temps. Les deux sœurs Marie et Armande du Tréhand et leur cousine ne furent certainement pas des dernières à profiter de ces avantages spirituels.

Ce bonheur devait être hélas ! de courte durée.

En août 1793, le bruit se répandit que les Mayençais se dirigeaient sur la Vendée, en forces considérables, avec ordre d'y mettre tout à feu et à sang, sans aucun respect des propriétés et des personnes. Déjà même on citait quelques-uns de leurs sinistres exploits. Supposant, non sans raison, que Montaigu serait un de leurs premiers points d'attaque et aussi le lieu d'une importante garnison de leurs troupes, les trois parentes prirent la résolution de s'en éloigner et de chercher une retraite plus sûre, à la campagne, dans une bourgade moins exposée aux coups de l'ennemi. Le projet fut mis à exécution sans délai. Leur départ, à toutes les trois, eut lieu dans le courant du mois d'août. La première étape de Marie et d'Armande se fit dans une localité non désignée, mais qui pourrait bien être Tif-fauges ; car le terme de leur fuite précipitée était le Longeron, entre Tiffauges et Mortagne. Quant à Charlotte, elle semble s'être rendue directement au Longeron (1), avec une cuisinière et une femme de chambre. Elles avaient là des parents ou des amis. L'une d'elles, la veuve de Chabot, y avait une maison (2). C'est vraisemblablement en cette maison de campagne qu'elle et ses cousines se retirèrent, pensant y être davantage à l'abri du danger.

Grande était leur illusion ; car il n'y avait alors de sécurité nulle part ; et même la région qu'elles avaient

(1) et (2) C'est ce qui paraît résulter de leurs interrogatoires. — Charlotte avait une métairie dans la paroisse voisine de la Romagne. Chassin, G. III. 314.

choisie devait être, quelques semaines après, le théâtre d'une grande bataille entre Mayençais et Vendéens. On sait quel terrible choc eut lieu entre les deux armées le 18 septembre, près de Torfou, dans l'espace qui sépare ce dernier lieu de Tiffauges et du Longeron. Evidemment nos fugitives s'éloignèrent alors momentanément de leur retraite, pour y revenir, après la mise en déroute des Mayençais. On a peine à se faire une idée des émotions par lesquelles elles passèrent, à ce moment. Et cependant ce n'était là que le prélude de leurs maux !

<h2 style="text-align:center">IV</h2>

Arrestation de la dame de Chabot et des demoiselles du Tréhand ;
de Marie Thibault, de Tiffauges,
de Louise-Marguerite et Bénigne de Bessay, de St-Martin-Lars ;
de Marie-Anne Acher du Bois, servante de la dame Thibault.

Des jours terribles allaient se lever sur la Vendée.
Les trois derniers mois de 1793 et les trois premiers
de 1794 marquent dans l'histoire la période que l'on
a appelée, non sans raison, l'époque de *la Terreur*.
Douze colonnes, dites *colonnes infernales*, furent alors
lancées en diverses directions sur tout le territoire insurgé et l'on sait avec quelle cruauté, quelle barbarie
elles accomplirent leur *infernale* mission, dont le but
était de tout détruire, de tout incendier, de tout tuer.
Les hameaux perdus au fond des ravins et des bois,
les lieux les plus solitaires et les plus secrets reçurent
la visite de ces tigres altérés de sang humain. Malheur
aux personnes qui n'avaient pas pris la fuite, avant
leur arrivée !

A l'époque où les républicains, vainqueurs, s'étaient
rendus maîtres de Cholet et de toute la région, nos mal-
heureuses vendéennes furent de nouveau obligées de
quitter leur asile. Elles parcoururent alors presque
toute la Vendée angevine, passant successivement à
Saint-André, à Saint-Pierre Montlimart, à Montrevault ;

puis, n'ayant pas voulu suivre l'armée au delà de la
Loire, elles revinrent au Longeron. Leur absence avait
duré neuf jours.

Le Longeron présentait aux réfugiées des retraites
presque inaccessibles, sur les bords de la Sèvre ; mais
cette contrée avait l'inconvénient d'être trop rapprochée
de Mortagne et de Cholet, deux centres d'administra-
tion révolutionnaire où les partisans du régime étaient
nombreux et fanatiques.

Or, ce qui était prévu ne tarda pas à arriver.

L'arrestation de nos fugitives eut lieu le dimanche,
19 janvier 1794. Des soldats patriotes, s'étant abouchés
avec quelques gardes nationales du Longeron, sous la
conduite du citoyen Lefort, mirent, ce jour-là, en arrestation, quatre membres de la famille de la Sorinière
avec leur domestique nommée Françoise Fonteneau ;
trois membres de la famille du Tréhand, Charlotte,
veuve de Chabot, Marie et Armande avec deux domestiques, Madeleine Guéry et la veuve Grivet, cette dernière avec sa petite fille ; la femme Moreau avec deux
garçons en bas âge et un tisserand nommé Barré, avec
sa femme ; en tout seize personnes.

La liste de proscription, préparée d'avance, ne com-
prenait pas les trois du Tréhand ; mais le citoyen Lefort
prit sur lui de les arrêter et, tout heureux de cette cap-
ture, il les envoyait à Cholet le lendemain avec la lettre
suivante :

« Je vous envoie les personnes ci-après dénommées avec leurs effets
qui sont arrivés avec eux (sic) ; tous de la paroisse du Longeron, que
les habitans dudit lieu ont arrêtés avec un détachement que j'ai fourni hier. Nous avons ordonné aux deux officiers du détachement qui les
ont arrêtés, conjointement avec les gardes nationales de la paroisse du
Longeron, pour (sic) les conduire à Cholet (1) ».

Les prisonniers, partis de Mortagne le lundi matin
20 janvier, arrivèrent à Cholet, après quelques heures

(1) Arch. dép. de Maine-et-Loire, L. 1166.

de route et subirent, le même jour, un interrogatoire devant le comité révolutionnaire de la ville (1). On lira plus loin cet interrogatoire.

Nos vendéennes avaient-elles été dénoncées par un traître au citoyen Lefort ou bien leur découverte avait-elle été fortuite ? Aucun document ne nous a renseigné sur ce point.

Le lendemain du jour où il s'emparait des dames du Tréhand, le détachement républicain, poursuivant ses recherches, découvrait, à Tiffauges, la demoiselle *Marie Thibault de la Pinière* et sa servante *Marie-Anne Acher du Bois* et les deux sœurs, *Louise-Marguerite* et *Bénigne de Bessay de la Vouste*. Le motif de leur arrestation, étant le même que pour les trois de la veille, les mêmes épreuves, le même sort leur étant réservé à toutes, nous avons cru ne pas devoir séparer, en cette notice, celles que le ciel avait unies dans la souffrance et qu'un pareil courage devait conduire à l'immolation suprême pour la défense et la confession de leur foi. D'ailleurs la proximité de leurs résidences avait dû établir entre elles des liens d'amitié que l'épreuve allait resserrer davantage (2).

Quelques détails historiques s'imposent donc, à cette place, sur chacune d'elles.

Marie-Jeanne Thibault, âgée alors de 58 ans, était née à Angers le 23 novembre 1735 et avait été baptisée le même

(1) Cf. F. Uzureau, *Andegaviana* 1re Série, p. 300 et sq. (Année 1904).

(2) Bien que cette notice soit spécialement consacrée aux trois dames du Tréhand, à la dame Thibault de la Pinière et à Bénigne de Bessay, nous nous croyons obligé, pour compléter et éclairer notre récit, d'y faire mémoire, très sommairement, de Louise-Marguerite de Bessay, sœur de Bénigne et de Marie-Anne Acher du Bois, servante de la dame Thibault. Ces deux dernières ont subi un genre de mort différent et nous leur avons consacré une notice spéciale sous le titre de : *Deux Vendéennes fusillées à Angers, au Champ des Martyrs*. Quant aux autres personnes arrêtées au Longeron en même temps que nos Vendéennes, elles n'étaient pas de la Vendée ; nous n'avons donc pas à nous en occuper.

jour, dans l'église Saint-Maurille, par M. Viel de la Martinière, curé de la paroisse. Son père Pierre Thibault avait le titre d' « écuyer et de seigneur de la Pinière ». Sa mère se nommait dame Marie Goyet. C'était une famille en vue et hautement considérée. Nous en avons pour preuve le nom du parrain qui la tint sur les fonts du baptême : « Me Jean B. René Prégent, conseiller du roi, président à l'élection de cette ville (1) ». Au baptême d'une sœur, Perrine Sophie, qui naquit l'année suivante, le parrain était Gabriel Thibault, « écuyer, sieur de la Pinnière, lieutenant dans le régiment du roy infanterie », frère du père.

A ces titres et à la considération dont elle jouissait cette famille joignait les sentiments et la grandeur d'une simplicité toute chrétienne. Chez elle, les serviteurs n'étaient pas des étrangers ; ils faisaient partie du foyer et ils étaient traités avec de grands égards. C'est ainsi qu'au baptême d'un troisième enfant, Pierre-René, le parrain et la marraine sont deux domestiques de la maison (2). Ce menu détail en dit long sur ce milieu où, au-dessus de toutes les distinctions humaines, on mettait celle de l'égalité et de la fraternité des âmes en Jésus-Christ.

C'est au sein de cette atmosphère de foi et de charité que grandit Marie-Jeanne Thibault. Mais de son en-

(1) « Le vingt troisième jour de novembre mil sept cent trente cinq, par nous curé, soussigné, a été baptisée *Marie-Jeanne*, née de ce matin, fille de Pierre Thibault, écuier, seigneur de la Pinière et de dame Marie Goyet, son épouse. Parein Mr Me Jean B. René Prégent, conseiller du roi, président de l'élection de cette ville ; mareine Jeanne Thibault, demoiselle fille demeurante en cette paroisse et tante de la baptisée, le père présent.

Pierre Thibault de la Pinière, Anne Thibault, Prégent, Viel de la Martinière, curé ». (*Reg. paroiss. de Saint-Maurille*, à la date, — *Archives de l'Hôt. de ville d'Angers*).

(2) Pierre-René, baptisé le 20 novembre 1737 duquel « a été parrein René Leduc et marreine Urbanne Plessis, *tous deux domestiques de M. de la Pinnière* ».

(Reg. par. de Saint-Maurille, à la date. Arch. de l'Hôtel de ville d'Angers.

fance et de sa jeunesse aucun détail n'est arrivé jusqu'à nous.

Au moment de la Révolution, elle habitait, depuis un certain nombre d'années, la petite ville de Tiffauges, où elle avait élu domicile. Elle y avait, du reste, ses propriétés ; car elle vivait de son revenu, ainsi qu'elle le déclara, dans son interrogatoire du 2 pluviôse, an 2. Le manoir et les terres de la *Pinière*, situés dans la paroisse de Tiffauges, lui appartenaient. C'est de là qu'elle tirait son titre de noblesse (1). Peut-être résidait-elle, à certains moments, en ce lieu. C'était un site superbe, sur les coteaux dominant la Crume, petite rivière torrentueuse à ses heures, qui, à quatre kilomètres de là, va se jeter dans la Sèvre. Cette habitation était distante d'une demi-lieue à peine de celle du Châtelier où demeurait la famille de Bessay.

N'ayant jamais contracté mariage, Marie-Jeanne Thibault de la Pinière avait toute sa liberté pour vaquer aux exercices de piété et de charité. La générosité d'âme dont elle fit preuve dans la mort sanglante qu'elle subit pour la foi, nous est une preuve qu'elle se consacra tout entière à l'accomplissement de ces pieux devoirs.

Nous savons, du reste, qu'au moment où la Révolution chassait des églises les prêtres restés fidèles, pour y introduire les jureurs, elle refusa énergiquement de prendre part aux offices de ces derniers, ne voulant assister qu'aux seules messes célébrées par les insermentés.

Les bruits de guerre lui faisaient peur. Lors de l'entrée des Bleus à Tiffauges, elle se sauva à Saint-Martin et à Saint-Aubin où elle se tint cachée durant une quinzaine de jours. Même l'armée vendéenne lui causait un certain effroi ; et, quand celle-ci venait dans la localité, elle se retirait aussitôt dans les métairies. Une fois

(1) Les Thibault de la Pinière portaient : *de gueules à la fleur de lys d'or, accompagnée, en chef, de deux molettes d'éperon d'argent et en pointe, d'une croisette du même.* Albert, *Armoiries Vendéenne*s)

cependant elle fut surprise par sa brusque arrivée. Un chef s'imposa, contre son gré, en sa maison et elle y donna, pendant quinze jours, l'hospitalité à un religieux.

Elle avait à son service une excellente personne qui partagea ses épreuves, lors de son arrestation, fut incarcérée comme elle et scella aussi de son propre sang la foi qui remplissait son âme ; elle se nommait Marie-Anne Acher du Bois.

Marie-Anne Acher du Bois était née à Jallais, près de Cholet, en 1765.

Comme sa maîtresse, qu'elle servait depuis un certain temps, elle se renfermait dans l'accomplissement de ses devoirs, parmi lesquels les devoirs religieux tenaient le premier rang. Elle aussi ne voulait assister qu'aux messes des prêtres fidèles et n'eut jamais aucun rapport avec les intrus. Agée alors de 29 ans, elle avait gardé, avec sa foi religieuse, sa foi politique. Dans son interrogatoire subi le **2** pluviôse, à la suite de sa maîtresse, elle avoua avoir crié : vive le roi !

C'est à Angers, sur l'emplacement. appelé depuis si justement *le Champ des Martyrs*, qu'elle fut fusillée et qu'elle accomplit son généreux sacrifice.

Bien que son nom semble dénoter un titre de noblesse, elle appartenait à la classe roturière ; il n'y avait de noble en elle que les sentiments de l'âme et du cœur.

Louise-Marguerite et *Bénigne de Bessay de la Vouste* étaient issues d'une illustre famille, originaire de Bessay, près Luçon, fractionnée alors en diverses branches. Celle de la Vouste, à laquelle elles appartenaient, avait, pour chef et représentant. messire Isaac de Bessay, qui, en 1718, avait épousé Catherine Marguerite de Baudry d'Asson et avec laquelle il habita d'abord son hôtel de la Boësse, appelé la Vouste. dans la paroisse de Saint-Mars-des-Prés (1). C'est là que naquirent les premiers de leurs enfants. Une dizaine d'années plus tard, les deux époux fixèrent leur résidence au Châtelier, terre noble que la dame de la Vouste tenait de son père René de Baudry d'Asson et qui était située en la paroisse de Saint-Martin-Lars, près de Tiffauges. Là virent le jour les autres enfants qui composaient cette nombreuse famille. On compte à Isaac de Bessay et à son épouse au moins *quatorze* enfants (2). Nous ne nous occuperons que des deux filles que devait couronner la gloire du martyre, Louise-Marguerite et Bénigne.

Louise-Marguerite naquit à Saint-Mars-des-Prés (Saint-Médard-des-Prés), le 22 août 1721 et y reçut le lendemain, le sacrement de régénération, des mains

(1) Aujourd'hui Saint-Médard-des-Prés, près Fontenay, où se trouve le village de Boësse (Boissc).

(2) 1° Enfants nés à Saint-Médard-des-Prés : 1° *Anne-Renée-Marguerite*,, née le 8 mai 1719 et baptisée le 10 ; — 2° *René-Isaac*, né et baptisé le 6 avril 1720, mort en juillet de la même année ; — 3° *Louise-Marguerite*, baptisée le 23 août 1721 ; — 4° *Anne-Antoinette-Henriette*, née le 23 août 1722 et baptisée le 23 ; — 5° *René-Alexis*, né le 13 août 1723, et baptisé le 14 ; mort le jour suivant ; — 6° *Suzanne-Henriette*, née et baptisée le 27 juillet 1725. A cette date s'arrêtent les Registres de Saint-Médard. Ils manquent de 1727 à 1733.

2° Enfants nés à Saint-Médard-des-Prés où à Saint-Martin-Lars-en-Tiffauges, dont l'acte de baptême n'a pu être retrouvé, par suite de la disparition des Registres et dont nous ne pouvons donner qu'approximativement la date et l'ordre de naissance : — 7° *René-Esprit-Isaac*, marié deux fois. Au combat d'Ouessant il commandait l'*Intrépide* qui coula sous ses pieds. Chargé alors de prendre le commandement de la *Couronne* il y fut tué quelques heures après (mars 1778) ; — 8° *Louis-Pierre-Henri*, chevalier, mort lieutenant des suites d'une blessure reçue à Rosbach ; — 9° *Marie-Renée-Pélagie*, née vers 1731 ; — 10° *Catherine-Bénigne-Pauline*, née vers 1732 ; — 11° *Honorée-Rose*, née vers 1735 ; devint religieuse au Ronceray.

3° Enfants nés au Châtelier, à Saint-Martin-Lars-en-Tiffauges : — 12° *Alexis-Gabriel*, ondoyé à la maison le 12 novembre 1736 et porté à l'église, pour supplément des cérémonies, le 6 mars 1737 ; — 13° *Henriette-Ursule-Catherine*, baptisée le 18 avril 1739, connue sous le nom d'Ursule, devint aussi religieuse au Ronceray ; — 14° *Esprit-Benjamin*, baptisé le 12 janvier 1742.

(Registres par. de *Saint-Médard-des-Prés*, de *Saint-Martin-Lars-en Tiffauges* et renseignements particuliers.

de M. Habains, curé de la paroisse. Deux parents, René-François de Bessay, seigneur de Lavau, lieutenant-colonel d'infanterie, et demoiselle Louise de Bessay, la tinrent sur les fonts du baptême (1).

Sa sœur Bénigne, plus jeune, avait fait son entrée en ce monde au Châtelier et avait été baptisée à Saint-Martin-Lars, sous les noms de *Catherie Bénigne-Pauline*, vers 1732. Les actes de baptême de cette époque ont disparu.

De l'éducation des deux sœurs, au foyer paternel, nous ne savons rien. De ce temps près de deux siècles nous séparent. Néanmoins nous pouvons affirmer qu'à cette éducation présidèrent les principes et les exemples d'une foi vive et agissante. La mort sanglante qu'elles subiront, en témoignage de leur fidélité à la religion catholique, et plusieurs faits se rattachant à leur famille l'établissent d'une manière certaine.

Ainsi, en 1743, à l'occasion d'une mission, dont bénéficia la paroisse de Saint-Nicolas de Tiffauges, le curé, M. Guillemin, écrivait sur ses registres : « M. de la Vouste, du Châtelier, donna l'arbre de la croix (2). »

Deux des garçons entrèrent dans la cléricature : Alexis-Gabriel qui, en 1749, étant parrain à un baptême, signe « *clerc-tonsuré* » et Esprit-Benjamin qui, en 1759, se nomme « l'abbé de Bessay. »

Deux filles se consacrèrent aussi au Seigneur dans la

---

(1) « Le vingt-trois d'août mil sept cent vingt et un a été baptisée demoiselle Louise-Marguerite née le jour précédent, fille légitime de de Mᶦʳᵉ Isaac de Bessay, chevalier, sgr de la Voute et de dame Catherine-Marguerite Baudri d'Asson. Le parrein a été Mʳᵒ René-François de Bessay, chev. sgr de Lavau, lieutenant-colonel d'infanterie et la marreine, demoiselle Louise de Bessay.

René de Bessay, Louise-Elizabet de Bessay, Isàac de Bessay, Duchillou, J. de Bessay, Habains, curé ». Plus deux noms illisibles.

(Reg. de St-Médard-des-Prés, à la mairie du lieu).

(2) *Reg. paroiss. de Saint-Nicolas de Tiffauges.*

vie religieuse, chez les moniales bénédictines du Ronceray, à Angers (1).

Des tantes avaient, d'ailleurs, tracé la voie à leurs nièces ; car les archives de l'*Union chrétienne de Fontenay* nous donnent les noms de deux d'entre elles : Jeanne-Henriette de Bessay entrée en 1720, et Bénigne de Bessay de la Guittière en 1723. Cette dernière avait même été élue supérieure à deux scrutins différents (2).

Les châtelains vivaient en rapports intimes avec leurs fermiers. Ils acceptaient volontiers d'être parrains et marraines aux baptêmes de leurs enfants. Nous avons relevé au moins une dizaine d'actes où les fils et les demoiselles de Bessay remplissent cet office vis-à-vis d'enfants nés dans le village ou ailleurs (3). C'était, on le voit, la vie patriarcale, régnant au Châtelier entre maîtres et fermiers. On y goûtait, par suite, une douce paix et une grande tranquillité.

Cependant le château ne connut pas que des heures de joie. Le 1er avril 1750, un grand deuil y entrait. Ce jour là, décédait, au milieu des siens, messire Isaac de Bessay, chevalier, seigneur de la Vouste « après avoir reçu les sacrements de l'Eglise », âgé de 63 ans. Sa sépulture avait lieu le lendemain. La plupart des prêtres de la région y assistaient.

(1) Interrogatoire de Bénigne de Bessay, du 8 pluviôse.
Henriette-Ursule-Catherine religieuse, au Ronceray, diocèse d'Angers, fut arrêtée le 13 avril 1794. Le 18, on l'interrogea dans sa prison où elle maintint sa résolution de ne prêter aucun serment. Le 21 avril, elle renouvelait sa réponse devant la commission militaire et faisait précéder sa déclaration de ces mots : « *Je suis à Dieu.* » Condamnée à la déportation, elle fut enfermée à la prison nationale, en attendant son départ pour l'exil, qui eut lieu le 24 juin suivant. Cf. F. Uzureau, *Andegaviana* 2ᵉ Série p. 300-301 (année 1904).

(2) Cf. Beauchet-Filleau, *Dict. des fam. du Poitou,* et abbé Teillet, *Hist. de la Congr. de l'Union chrét. de Fontenay,* pp. 91 et 383.

(3) C'est ainsi, pour nous borner aux deux sœurs ci-dessus désignées, que Louise-Marguerite était marraine, le 18 janvier 1761, à un enfant né près du château. Sa sœur, Bénigne, l'était pareillement, en 1744 et 1759 ; le 30 août 1770, elle tenait, sur les fonts du baptême, un enfant Retailleau, du bourg de Saint-Martin. *(Reg. paroiss. de Saint-Martin-Lars,* aux dates).

D'autres deuils vinrent successivement attrister ce
séjour si paisible. Nous n'en citerons qu'un seul, celui
causé par la disparition de la châtelaine, Catherine-Marguerite de Baudry d'Asson, dont le décès arriva le
29 juillet 1783 (1).

Ce fut à la suite de cette mort, que Marguerite et
Bénigne de Bessay vinvrent se fixer à Tiffauges, où,
sous le rapport de la vie de piété, elles pouvaient avoir
de plus grands avantages. Un fait certain, du moins,
c'est qu'à l'époque de la Révolution elles habitaient
cette petite ville.

La paix qui régnait dans ce milieu fut, comme
partout ailleurs, profondément troublée par les mesures anti-religieuses prises par l'Assemblée nationale.
En déclarant la guerre à la religion et aux prêtres non
sermentaires, la Révolution s'attaqua du même coup
à toutes les consciences catholiques et mit la division
partout. Les deux sœurs, dont la foi était si profonde,
se gardèrent bien de plier le genou devant Baal ; elles
refusèrent de reconnaître les prêtres jureurs et d'assister à leur messe. En revanche, elles allaient, toutes les
fois qu'elles le pouvaient, aux messes des ministres
fidèles. Elles l'ont elles-mêmes déclaré dans les divers
interrogatoires qu'on lira ci-après.

Vers le mois d'octobre 1793, au moment où les colonnes infernales s'avançaient en Vendée, massacrant
les personnes, pillant et incendiant les habitations, les
deux sœurs, justement effrayées, quittèrent momentanément Tiffauges. Bénigne se rendit à Cholet et de là à
Saint-Florent, dans la pensée, sans doute, de traverser la
Loire ; mais elle n'y resta que deux heures et retourna
à Tiffauges. Sa sœur l'imita vraisemblablement.

Cependant la Révolution avait l'œil sur elles. Leur

____

(1) Pour les faits qui précèdent, cf. *Reg. paroiss. de Saint-Martin,*
aux dates.

fidélité à la religion de leurs pères ne pouvait être tolérée plus longtemps. De là les perquisitions et les recherches qui amenèrent leur arrestation, en même temps que celles de Mlle Marie-Jeanne Thibault de la Pinière et de Marie-Anne Acher-du-Bois, sa fille de compagnie.

V

Les interrogatoires de Cholet.
Interrogatoires, le 1er pluviôse, de Marie, Armande
et de Charlotte du Tréhand.

Ces quatre dernières arrestations eurent lieu le
1er pluviôse, (20 janvier 1794), par une patrouille républicaine, la même sans doute qui, la veille, avait
arrêté la dame de Chabot et les demoiselles du Tréhand.
A Cholet, où furent conduites sans délai les prisonnières de ces deux jours, le comité de surveillance
procéda aussitôt à leur interrogatoire. Ces pièces,
conservées aux archives départementales de Maine-et-
Loire, vont nous montrer la grandeur d'âme de nos
prisonnières et surtout la fermeté de leur foi, en face
d'une mort certaine.

Nous citons ces interrogatoires en entier, sans rien
changer au style et à l'orthographe. Nous prévenons
toutefois le lecteur que ces cinq femmes, toutes âgées,
étaient restées en dehors de la politique. La guerre leur
faisait peur et, par prudence, elles sortaient peu. La
trace de ces diverses impressions va se retrouver dans
leurs réponses. Mais cette mentalité n'influera en rien
sur leur attitude au point de vue religieux. Sur ce point,
ainsi que l'on va pouvoir le constater, elles sont
toujours restées fermes et franchement catholiques.

Le premier pluviôse, an 2, (20 janvier 1794) comparurent Marie et Armande du Tréhand, et leur cousine
Charlotte du Tréhand, veuve de Chabot.

Voici les pièces les concernant :

INTERROGATOIRE DE MARIE DU TREHAND

« Le premier pluviôse, l'an 2 de la République française.

Jean-Joseph Auteraud, membre du comité de surveillance et révolutionnaire étably à Chollet, en exécution de la loi du 14 frimaire, a fait comparaître devant luy Marie Dutréan, ci-devant noble, demeurant à Montaigu et a la interrogée (sic), ainsy qu'il suit .

D. — Quel est votre nom, âge, qualité et demeure ?

R. — Je m'appelle Marie Dutréan, fille, âgée de cinquante quatre ans (1), ci-devant noble, et je demeure à Montaigu et je suis née à Mortagne.

D. — Savez-vous la cause de votre arrestation ?

R. — Non ; je l'ignore.

D. — Avez-vous des frères ?

R. — J'en ai un et j'ignore où il est ; mais je suis sûre qu'il n'est pas émigré.

D. — Avez-vous des correspondances avec des émigrés ?

R. — Non ; jamais je n'ai correspondu avec des émigrés.

D. — Depuis quelle temps êtes-vous passée avec les émigrés ?

R. — Je suis partie de Montaigu dans le mois d'août, quand les républicains si portait. Je restai dans... (2), environ quinze jours et de là je me rendis au Longeron.

D. — Qu'avez-vous fait au Longeron et quelles personnes y avez-vous vu ?

R. — J'ai toujours résté ehez moi et je n'ai jamais resu pérsone (3).

D. — N'avez-vous jamais tenu des propos contre la République ?

R. — J'en aurais été bien fâchée (4).

D. — Combien de fois avez-vous crié : Vive le roy ?

R. — Jamais je ne l'ai crié (5).

D. — De quel œil avez-vous vu la mort du tiran ? .

R. — D'une manière indifférente (6).

(1) Elle avait 56 ans. Sous l'empire d'une émotion facile à comprendre, la prévenue s'est-elle trompée sur son âge ? ou bien le greffier a-t-il été distrait, en écrivant ?... — Dans l'interrogatoire du 7 pluviôse, elle déclara 55 ans, d'après les notes du greffier.

(2) Le nom du lieu manque.

(3) Il s'agit ici évidemment de visites politiques ou de cérémonie, telles qu'elles se pratiquaient alors par les personnes de sa condition et non de simples relations avec le voisinage.

(4) Sur cette même question, les accusés faisaient généralement des réponses identiques.

(5) On ne voit guère, en effet, cette fille de 56 ans venir se mêler à la foule pour crier : Vive le roi !

(6) C'était la réponse que faisaient la plupart des accusés. Pour ne pas se compromettre, car alors les temps étaient mauvais, on paraîs

D. — N'avez-vous jamais fait de cocardes blanches ?
R. — Non jamais ».

Cette demoiselle, ainsi que sa sœur, comme on le verra ci-après, ne s'était pas occupée de politique. Elle était restée tout à fait en dehors des agitations populaires ; c'est pourquoi, sur ce point scabreux, elle avait pu faire, sans manquer à la vérité, les réponses qu'on vient de lire. Mais la question politique n'était pas la seule qui pouvait rendre alors quelqu'un criminel ; la question religieuse avait de semblables conséquences et suffisait à entraîner la peine de mort. Le citoyen Auteraud se garde bien d'omettre cette partie importante de l'interrogatoire.

Il continue en ces termes :

« D. — Avez-vous été à la messe des prêtres qui avait fait le serment ?
R. — Non, je ni ai jamais été.
D. — Allié-vous à celles des prêtres réfractaires ?
R. — Ji ai été pendant le temps que j'ai resté au Longeron ».

Dans ces réponses si nettes, si franches, si pleines de foi, l'interrogateur venait enfin de trouver un motif légal de condamnation. Aussi ne prend-il pas la peine de poursuivre plus longtemps son interrogatoire. Il se hâte de conclure par la formule ordinaire.

« Lecture faite de ces réponses au présent interrogatoire, y a persisté et a déclaré contenir vérité, y a persisté (sic) é a signé le présent ».
Signé : « Marie du tréhand, sitoyenne. J.-J. Auteraud (1) ».

En marge de l'interrogatoire se lisent les lignes suivantes du comité de surveillance dont le but perfide est facile à comprendre :

« Fille ci-devant noble et fanatique qui (a) constamment resté dans le pays insurgé et y a fait plusieurs voyages ».
Signé : « J-J. Auterault, Aug. Cambon, L. Hérault, Routiau, J. Clemenceau, p. d. t. Rousseau secr. (2) ».

sait indifférent *extérieurement* ; mais *dans le for intérieur* chacun appréciait et jugeait suivant ses propres sentiments et sa conscience.

(1) *Arch. de la Cour d'Angers*, Comité révol., liasse 10. (Aujourd'hui arch. dép.).

(2) *Arch. de la Cour d'Angers*, Ibid. (Aujourd'hui arch. dép.)

Le mot *fanatique* était employé, dans les actes révolutionnaires, comme synonyme de grande fidélité, d'inviolable attachement à la foi catholique. On voit que le citoyen interrogateur ne perdait pas de vue le principal grief qui devait attirer sur l'accusée une terrible condamnation.

Ce premier interrogatoire terminé. Auteraud procède immédiatement au second.

INTERROGATOIRE D'ARMANDE DU TRÉHAND

« Le premiere (sic) pluviôse, l'an 2 de la République française, une et indivisible et le 1ᵉʳ de la mort du Tiran.

Jean-Joseph Autenaud (sic), membre du comité révolutionnaire et de surveillance, étably à Chollet, en exécution de la loi du 14 frimaire, a fait comparaître devant luy Armande Dutréan, fille du chevalier du Tréan, demeurant à Montaigu et a été interrogée ainsy qu'il suit :

D. — Quel est votre nom, âge, qualité et demeure ?

R. — Je m'appelle Armande du Tréan, fille du chevalier du même nom. Je suis noble ; je demeuré à Montaigu et je suis née à la paroisse de Mortagne (St-Christophe) (sic).

D. — Savez-vous pourquoi l'on vous a arrêtée ?

R. — Non, je l'ignore.

D. — Avés-vous des frères ?

R. — Oui, j'en ai un que je crois à Nantes.

D. — De quel œil avez-vous vu la Révolution ?

R. — Avec beaucoup d'indifférence (1)

D. — Quelle raison vous a-t-elle engagée (sic) à quitter Montaigu ?

R. — L'approche de l'armée de Mayence m'effraya et je quittai mon frère pour aller au Longeron.

D. — Alliez-vous à la messe des prêtres qui avaient fait le serment ?

R. — Non, je ni ai jamais été.

D. — Alliez-vous à celle du reffractaire ? (2)

R. — Ji ai été depuis le mois de mars (3).

(1) Bon nombre de vrais catholiques, avaient salué *avec joie* la Révolution apportant des réformes nécessaires. L'accusée avait montré moins d'enthousiasme, elle était restée *indifférente*, attendant les évènements.

(2) Les prêtres *refractaires* étaient les *insermentés*. Dans la bouche des républicains, ces deux mots sont synonymes.

(3) Cette réponse établit qu'à Montaigu, durant toute l'occupation vendéenne, des prêtres fidèles célébraient la messe.

D. — Avez-vous tenu des propos inciviques ?

R. — Jamais je n'ai tenu aucun propos contre la République (1).

D. — N'avez-vous jamais parlé du Roy ni des prêtres ?

R. — Non, jamais je n'en ai parlé (2).

D. — N'avez-vous pas désiré l'ensien régime ?

R. — Non, je ne l'ai pas regretté (3).

Lecture faite des réponses au présent interrogatoire, y a persisté et a déclaré contenir vérité et a signé le présent.

Armande duterehan Rosay (4) (sic) J-J. Auteraud ».

En marge, ont été écrites, comme pour l'interrogatoire précédent, les lignes méchantes qui suivent, destinées à éclairer le tribunal :

« Fanatique et noble et est rentrée (5) depuis le commencement de l'insurrexion, dans le païs des brigands et *peut bien être regardée comme telle*.

(Signé) Aug. Cambon, J-J. Autenaud (sic), Routiau, F. Hérault, Rousseau, J. Clémenceau, p. d. t. (6) ».

Sous tous rapports, ce second interrogatoire ressemble au premier. Au point de vue politique, Armande du Tréhand ne s'est mêlée de rien ; elle est restée en dehors de toute agitation des partis ; mais, au point de vue religieux, elle n'a pas craint de se montrer ferme dans la foi, en n'assistant qu'aux seules messes des prêtres non sermentaires ; et ce qu'elle a fait, elle le reconnaît et le déclare hautement. Dans la circonstance, son aveu est une véritable confession publique et solennelle des convictions catholiques qui remplissaient son âme.

(1) *En public*, évidemment : car, dans l'intimité du foyer, l'on ne pouvait pas ne pas s'entretenir des graves événements qui s'accomplissaient chaque jour.

(2) Même explication que précédemment.

(3) Ce qui revient à dire que, sur ce point, elle était, comme ci-dessus, restée indifférente.

(4) Rosay, ci-dessous Rousay. Sans doute le nom d'une de ses propriétés.

(5) Est rentrée (pour est restée).

(6) *Arch. de la Cour d'Angers* Comité révol. Liasse 10. (Aujourd'hui. Arch. dép.)

Nous allons constater la même fermeté chrétienne dans Charlotte du Tréhand, veuve de Chabot, interrogée la troisième.

INTERROGATOIRE DE CHARLOTTE DU TREHAND, VEUVE DE CHABOT

« Le premier pluviôse, l'an 2 de la République française, une et indivisible et le premier de la mort du Tiran.

Jean-Joseph Auteraud, membre du comité de surveillance et révolutionnaire, en exécution de la loy du 14 frimaire, a fait comparaître devant luy Charlotte Dutréand veuve de Chabot, de Montaigu et la interrogée ainsy qu'il suit :

D. — Quel est votre nom, âge, qualité et demeure ?

R. — Je m'appelle Charlotte Dutréan, veuve de Chabot ; j'ai soixantehuit ans ; j'étais noble ; je suis née et je reste à Montaigu.

D. — Savez-vous pourquoi vous avez été arrêtée ?

R. — Je n'en sais rien.

D. — Avez-vous des enfants et où sont-ils ?

R. — J'ai deux fils dont je n'ai auquune nouvelle, depuis dix-huit mois et je les crois émigrés.

D. — Pourquoi avez-vous quitté Montaigu, pour aller au Longeron ?

R. — Laproche des républicains me fit peur et je me retiré au Longeron, où étaient les brigands, il y a, à peu pré, quatre mois ; ensuite à Saint-Aubin et autres bourgs.

D. — Avez-vous des parents dans l'armée brigantine ?

R. — Je n'ai point de parents (1). Par conséquent je ne pouvais pas en avoir dans l'armée des brigands.

D. — Quelles étaient les personnes qui venaient (vous) voir ?

R. — Je n'ai resu personne et je n'ai jamais sorti.

D. — Avec qui avez-vous entretenu correspondance ?

R. — J'ai écrit plusieurs fois à mes enfants, à mon aîné, à Aix-la-Chapelle et le chevalier à Espa, et j'ai également plusieurs fois reçu de leurs lettres.

D. — Ne leur avez-vous jamais passer de l'argent (*sic*) ?

R. — Une fois j'ay eu bonne envie, mais je n'ai jamais trouvée l'occasion.

D. — Avez-vous été à (la) messe des prêtres qui avaient fait le serment?

R. — Non, je ni ai jamais été.

(1) Le sens de cette réponse est eelui-ci : Je n'ai pas de parents proches, pouvant faire partie de l'armée des brigands. Ses deux seuls fils étaient émigrés.

D. — Avez-vous été à celles des réfractaires ?
R. — Oui, ji ai été tous les dimanches.
Lecture faite de ses réponses au présent interrogatoire, y a persisté et a déclarer contenir vérité et a signé le présent.
Charlotte du Tréhand Chabot, J. Auteraud, Rousseau, secret. ».

En marge, on lit, comme aux pièces précédentes, la note suivante destinée aux juges de la commission militaire :

« Brigantine, noble et fanatique et a eu une correspondance avec plusieurs émigrés.
J. Auteraud, L. Hérault, J. Clémenceau, p. d. t., Routiau, Aug. Cambon, Rousseau (1) ».

Cet interrogatoire présente la même physionomie que les deux autres. La note du Comité de surveillance reproche à la veuve Chabot quatre choses : d'être *brigantine* et *noble*, en d'autres termes d'être Vendéenne, restée en pays vendéen et d'appartenir à la noblesse. Mais qu'y pouvait-elle ? *D'avoir entretenu une correspondance avec des émigrés*, qui étaient ses fils. Mais comment empêcher une mère de correspondre avec ses enfants? *D'être fanatique*, c'est-à-dire d'avoir assisté aux messes des prêtres catholiques et d'avoir évité les intrus. C'était là son principal crime ; mais c'est là aussi sa gloire aux yeux de Dieu et des hommes.

Par leurs réponses si nettes et si résolues Marie et Armande du Tréhand et leur cousine Charlotte-Augustine, veuve de Chabot, venaient de prononcer leur arrêt de mort.

(1) *Arch. de la Cour d'Angers*, Comité révol. Liasse 10. (Aujourd'hui arch. départ. L. 1167).

VI

Interrogatoires, le 2 pluviôse, à Cholet, de Marie Thibault de la Pinière et de Bénigne de Bessay

Le lendemain comparurent à leur tour les deux autres Vendéennes (1). Nous retrouverons, chez celles-ci, la même foi, le même attachement à la religion catholique, apostolique et romaine. C'est donc le même spectacle d'édification que nous allons avoir sous les yeux.

INTERROGATOIRE
DE MARIE THIBAULT DE LA PINIERE

« Le deux pluviôse, l'an deux de la république française, une et indivisible, Auguste Cambon, membre du comité révolutionnaire, établi à Cholet, d'après la loi du 14 frimaire, a fait comparaître devant lui Marie Thibaut, ci-devant noble, demeurant à Tiffauges.

D. — Quel est votre nom, âge, profession, domicile et le lieu de votre naissance ?

R. — Je me nomme Marie Thibaut, vivant de mes revenus, âgée de cinquante huit ans, née à Angers, domiciliée à Tiffauges.

D. — Etes-vous ci-devant noble ?

R. — Oui.

D. — Savez-vous la cause de votre arrestation ?

R. — Je l'ignore.

(1) Voir dans *Deux Vendéennes fusillées au Champ des Martyrs,* les interrogatoires de Marguerite de Bessay et de Marie-Anne Acher-du-Bois.

D. — Etes-vous sortie de Tiffauges, pendant que les brigands occupaient le pays ?

R. — Oui ; lorsque l'armée des brigands y tenait, j'allais me retirai (sic) dans les métairies, excepté néanmoins la première fois où elle me surprit.

D. — Lorsque les républicains sont entrés à Tiffauges, en êtes-vous sortie ?

R. — Oui ; j'ai été à Saint-Aubin et à Saint-Martin.

D. — Combien de temps avez-vous été absente ?

R. — Quarante jours.

D. — Alliez-vous à la messe des prêtres assermentés ?

R. — Non.

D. — Avez-vous été à celle des réfractaires, lorsqu'ils ont été rentrés ?

R. — Oui.

D. — Avez-vous porté la cocarde blanche ou noire ou des figures de fanatisme ?

R. — Non ; je n'ai rien porté de cela.

D. — Avez-vous crié : Vive le Roy ?

R. — Non.

D. — Avez-vous reçu des nobles et des prêtres chez vous ?

R. — Lorsque les brigands s'emparèrent de Tiffauges, Monsieur Darmaillé (1) que je connaissais, qui était dans leur armée et que je n'avais pas vu depuis vingt ans, ce Monsieur Darmaillé vint chez moi et me conduisit un moine, nommé Ménard, que j'ai gardé quinze jours (et nourri) (sic), à la prière dudit Darmaillé.

D. — Combien de temps ce Monsieur d'Armaillé a-t-il resté chez vous ?

R. — Il y a couché une nuit et demeuré un jour.

D. — Avez-vous des parents emigrés ?

R. — Oui, j'ai un frère et un neveu.

D. — Leur avez-vous écrit depuis leur émigration ?

R. — J'ai écrit plusieurs fois à mon frère.

D. — Avez-vous reçu des lettres de sa part ?

R. — Oui, plusieurs fois aussi, datées de Bergozome (sic) (2).

D. — Lui avez-vous fait passer de l'argent ?

R. — Non.

D. — Avez-vous désiré le rétablissement de la royauté ?

R. — Non.

D. — Comment avez-vous vu la mort du tiran et de sa femme ?

R. — Je l'ai vu sans peine (3).

Lecture faite de sa déposition, a déclaré qu'elles (sic) contiennent vérité et a signé.

La sitoyenne Thibault. Aug. Cambon ».

(1) D'Armaillé Joseph, capitaine de cavalerie, émigré au début de la Révolution, rentré ensuite en Vendée où il se conduisit avec honneur.

(2) Berg-op-zoom, ville de Hollande sur l'Escaut.

(3) Vivant eu dehors de la politique et obligée à certaines mesures de prudence, elle n'avait rien manifesté, lors de la mort de Louis XVI.

Suit l'inqualifiable note du comité de surveillance, ainsi conçue :

« Il résulte que cette femme, ci-devant noble, a resu et couché chez elle Darmaillé chef (?) des brigands, qu'elle a nourri pendant quinze jours un moine réfractaire et qu'elle a entretenu des correspondances avec les émigrés.
Aug. Cambon. F. Hérault. J Clémenceau p. d. t. J. J. Auteraud, Routiau, Rousseau secr. (1) ».

La grande franchise de Marie Thibault, dans l'aveu de certains actes, qu'elle aurait pu dissimuler sans mensonge, est l'indice de sa belle âme. Ses crimes, on vient de le voir, sont d'avoir hébergé, durant quelques heures, un officier de l'armée vendéenne qu'elle connaissait, d'avoir entretenu des correspondances avec son frère émigré et surtout d'avoir offert l'hospitalité à un bon prêtre. L'acte d'avoir assisté aux messes des ecclésiastiques insermentés contribuera aussi, pour une bonne part, à sa condamnation.

Après Marie Thibault est appelée Bénigne de Bessay, de Saint-Martin-Lars, à laquelle sont adressées les questions suivantes :

INTERROGATOIRE DE BÉNIGNE DE BESSAY

« Le deux pluviôse, l'an 2 de la République française une et indivisible.

Jean-Joseph Auteraud, membre du comité de surveillance et révolutionnaire, établi à Cholet, en exécution de la loi du 14 frimaire, a fait comparaître devant luy Bénine Bessé (sic), ci-devant noble, demeurant à Tiffauges et a été interrogée ainsy qu'il suit :

D. — Quel est votre nom, âge, qualité et demeure ?

R. — Je m'appelle Bénine Bessé, ci-devant noble ; j'ai soixante et un an ; je demeure à Tiffauges et suis née à Saint-Martin-Lard.

D. — Savez-vous pourquoi vous avez été arrêtée ?

R. — Non ; je l'ignore.

(1) *Arch, de la Cour d'Angers*. Comité révol. Liasse 10. (Aujourd'hui arch. départ. L. 749 quater et L. 1167.

D. — Pourquoi avez-vous resté dans le païs, pendant que les brigands y étaient ?

R. — Parce que je ne savais pas qu'il fallait en sortir.

D. — Qu'avez-vous fait pour les brigands ?

R. — Je n'ai jamais rien fait pour eux.

D. — Combien de fois avez-vous crié : Vive le roy ?

R. — Jamais je ne l'ay crié.

D. — N'avez-vous jamais suivi l'armée ?

R. — Jamais je ne l'ai suivie. Je suis sortie de Tiffauges à la proche
des républicains pour me rendre à Chollet et de là à Saint-Florent où
je restais deux heures ; et me rendis à Tiffauges ou aux environs.

D. — N'avez-vous pas des parents émigrés ?

R. — J'ai un frère dont je n'ai eu des nouvelles, depuis dix mois.

D. — D'où vous a-t-il écrit la dernière fois.

R. — Je ne m'en rappelle pas. Je me rappelle qu'il m'a écrit de Bergo-
son en Hollande.

D. — Où adressiés-vous les lettres que vous luy écriviés ?

R. — Je les adressés à Bergobson, en Hollande.

D. — N'avez-vous jamais tenu de propos contre la République ?

R. — Non. Si tout le monde avait pensé comme moi, il n'y aurait pas
autant de mal.

D. — Comment pensiez-vous donc ?

R. — Je demandais la paix.

D. — Vouliez-vous un roy et des prêtres ?

R. — Je n'en voulés pas (1).

D. — Alliés-vous à la messe des prêtres qui avait le serment ? (sic)

R. — Non ; je ni ai pas été parce que le culte était libre.

D. — Alliés-vous à ceux qui ne l'avaient pas fait, pendant que les
brigands étaient icy ?

R. — Ji ai été, quand ils ont été rétablis.

Lecture faite de ses réponses au présent interrogatoire, y a persisté
et a déclaré contenir vérité et a signé.

Bessay, J. Auteraud ».

La note du comité de surveillance, inscrite en marge,
est ainsi libellée :

« Noble et fanatique, qui a entretenu une correspondance avec un
émigré et, en outre, toujours resté dans la pais insurgé où elle a fait
plusieurs voyages.

J. Auteraud, F. Hérault, Aug. Cambon, J. Clémenceau, p. d. t., Routiau, Rousseau secr. (2) ».

(1) Par mesure de précautions, elle s'était abstenue *en public* de toute
révélation à cet égard et avait gardé pour elle ses préférences.

(2) *Arch. de la Cour d'Angers.* Comité révol., Liasse 10 (Aujourd'hui
arch. dép., L.,1167 et quater L. 745.

Comme les précédentes, Bénigne de Bessay est coupable d'être *noble* et *fanatique*. Ce dernier mot marque son attachement à la religion catholique, représentée par les prêtres insermentés. Elle est aussi accusée du double délit *d'avoir correspondu avec un émigré*, qui était son frère et d'être *restée dans le pays insurgé* ; mais le plus grave de tous est incontestablement celui d'être demeurée fidèle à la foi de ses pères, désignée sous le nom de *fanatisme*.

Devant la commission militaire d'Angers, nous aurons de Bénigne de Bessay une admirable confession de foi, digne de figurer parmi les plus belles pages des actes des martyrs.

Après elle, comparaissent devant le comité de surveillance, sa sœur Louise-Marguerite de Bessay de la Vouste et Marie-Anne Acher-du-Bois à qui sont faites des questions analogues (1).

(1) Voir *Deux Vendéennes fusillées au Champ-des Martyrs, à Angers* p. 10 et 12.

VII

Les prisonnières devant la commission militaire d'Angers.
Interrogatoires de Marie et Armande du Tréhand
et de Marie-Jeanne Thibault.

A la suite de ces interrogatoires, nos prisonnières furent écrouées dans une des geôles de la ville. Leur passion, commencée dès le moment de leur arrestation, se continua alors au milieu d'épreuves et de privations de toute nature. Accoutumées à une vie aisée et douce, elles sentirent, plus que d'autres, la différence de leur nouvelle situation. Mais une chose dut les consoler : elles souffraient pour la défense et la confession de leur foi !

Leur séjour ne fut pas de longue durée dans les prisons de Cholet où trois avaient été jetées le 20 janvier et deux le 21 ; elles en sortaient le 23, pour être conduites à Angers où les attendait la commission militaire, chargée de les juger.

Le 23 janvier, le comité de surveillance de Cholet faisait son *quatorzième* envoi de prisonniers vendéens au chef-lieu du Maine-et-Loire. Cet envoi se composait de 29 personnes : 12 hommes et 17 femmes (1). C'est parmi ces dernières que se trouvaient les deux sœurs du Tréhand, leur cousine, veuve de Messire Charles-Louis de Chabot, les deux sœurs Bénigne et Marguerite de Bessay, Marie Thibault de la Pinièret et sa fille de compa-

---

(1) Des 29 prisonniers (hommes et femmes) composant le convoi du 23 janvier, 8 furent guillotinés sur la place du Ralliement, à Angers, **et** 20 fusillés au Champ-des-Martyrs. Un seul fut réservé.

gnie, Marie-Anne Acher-du-Bois ; toutes arrêtées pour le même motif. Le convoi, escorté d'un certain nombre de gendarmes, était placé sous la conduite du citoyen Massé (1). On devine ce que durent être les fatigues de la route, au milieu d'hommes exaltés, n'ayant à la bouche qu'injures et blasphèmes.

A Angers, les prisonnières furent conduites à la prison nationale, près la place des Halles. La commission militaire, présidée en cette ville par le citoyen Félix, de sinistre mémoire, faisait preuve d'une grande activité. Chaque jour devait offrir sa fournée de condamnés à mort, pour ne pas laisser sans travail le vengeur national. Aussi nos Vendéennes ne restèrent pas longtemps dans les prisons angevines. Dès le 7 pluviôse, trois d'entre elles, Marie et Armande du Tréhand et Marie Jeanne Thibault de la Pinière. étaient appelées devant la dite commission pour y subir un nouvel interrogatoire et entendre leur sentence. Deux autres devaient suivre le lendemain. A Angers, comme à Cholet, nous allons les voir confesser courageusement leur foi avec une franchise et une énergie dignes de toute admiration.

Nous citons toujours textuellement. Nous regarderions comme un crime de déflorer, par la moindre analyse, de si beaux et si précieux témoignages.

INTERROGATOIRE DE MARIE DU TRÉHAND

La liberté ou la mort.

Le sept pluviôse (2), l'an second de la République française, une, indivisible et le premier de la mort du tiran.

Nous, président et membres composant la commission militaire, établie près l'armée de l'Ouest, réunis au lieu ordinaire de nos séances publiques dans la ci-devant église des Jacobins de la commune d'Angers, avons fait venir de la maison d'arrêt les dénommés (sic) ci-après que nous avons interrogés, ainsi qu'il suit :

(1) Le comité révolutionnaire de Cholet fit 20 envois à la commission militaire d'Angers. Cf. *Arch. dép. de Maine-et-Loire*, L. 1167, où se trouvent la liste et la date de chaque envoi.

(2) 26 janvier 1794.

D. — Leur nom, âge, profession et demeure, serment pris de dire vérité ?

La première s'appeler Marie dutréan, âgée de cinquante cinq ans, native de Mortagne, demeurant à Montaigu, ci-devant noble.

D. — Si son père avait une charge dans l'ancien régime ?

R. — Que non.

D. — Si elle a des frères ?

R. — Qu'elle en a un et ignore où il est.

D. — Pourquoi elle est emprisonnée ?

R. — Qu'on ne lui en a jamais rien dit.

D. — Pourquoi elle a constamment resté dans le pays envahi par les brigands ?

R. — Qu'elle a resté au Longeron, pour y trouver la tranquillité.

D. — Quelles étaient ses occupations ?

R. — Qu'elle restait tranquille, ne s'est jamais mêlée de rien et était souvent malade au lit.

D. — Quelles sont ses opinions sur le gouvernement républicain ?

R. — Quelle pense que les femmes ne doivent pas se mêler de ses (sic) affaires-là qui n'appartient (sic) qu'aux hommes.

Obs. — Que cependant les femmes ont fait le plus grand mal dans la Vendée ?

R. — Qu'elle ne s'est jamais mêlée de rien] et a beaucoup blâmé celles qui ont fait du mal.

Obs. — Qu'elle n'est pas sincère dans ses réponses, car elle devait savoir qu'en allant à la messe des prêtres réfractaires, c'était propager l'insurrection qu'ils prêchaient ouvertement ?

R. — Qu'elle convient avoir été à leur messe et non à celle des prêtres constitutionnels.

Obs. — Qu'elle devait savoir qu'elle commettait un grand crime, puisque ces prêtres faisaient tout le mal ?

R. — Qu'elle croyait que les opinions étaient libres là-dessus et qu'elle n'avait pas de mauvaises intentions.

D. — Pourquoi elle dédaignait d'aller à la messe des prêtres constitutionnels ?

R. — Qu'elle croyait agir contre sa conscience ».

Notons cette déclaration sublime. Il était impossible à l'accusée d'exprimer plus clairement son horreur du schisme, propagé par les ecclésiastiques assermentés, et son attachement à la religion catholique que défendaient les pasteurs fidèles, réfractaires au serment.

L'interrogatoire se poursuit ainsi avec l'autre sœur :

INTERROGATOIRE D'ARMANDE DU TRÉHAND

« La seconde s'appeller Armande Dutréan, âgée de cinquante trois ans, native de Mortagne, ci-devant noble, fille du ci-devant chevalier dutréan, demeurant à Mortagne (1) et au Longeron.

D. — Pourquoi elle a fui, lorsque l'armée de Mayence à passé à Montaigu ?

R. — Qu'elle a eu peur du feu.

D. — Qu'elle n'est pas sincère, puisqu'elle a avoué qu'elle avait fui à la seule approche de l'armée de Mayence ?

R. — Que le feu était la seule cause de sa fuite.

D. — Si elle ne désire pas le bonheur du peuple ?

R. — Qu'elle l'a toujours désiré.

D. — Qu'elle n'est point sincère dans sa réponse, puisqu'elle a avoué qu'elle regardait la république d'un œil indifférent.

R. — Qu'elle a regardé qu'elle ne devait point se mêler des affaires publiques et que les femmes ne devait (sic) point s'y immiscer.

Obs. — Qu'il paraît qu'elle n'avait point tant d'indifférence pour les prêtres réfractaires que pour la république, puisqu'elle allait toujours à leurs messes contre-révolutionnaires ?

R. — Que leur prêtre l'avait quittée depuis longtemps, pour aller à Beaupreau.

D. — Si elle était liée avec les femmes des chefs des brigands ?

R. — Qu'elle luy a jamais été liée (sic).

D. — De quel œil elle voyait les combats qui se livraient entre les patriotes et les brigands ?

R. — Qu'elle désirait qu'ils se fissent point de mal et qu'ils pussent se réunir, n'aimant point le sang ».

Ici se termine l'interrogatoire d'Armande du Tréhand. On voit qu'elle y a maintenu ses affirmations précédentes, relativement à l'assistance à la messe des prêtres non sermentaires et qu'elle n'a rien cédé sur ce point capital. Cet aveu, retenu par les juges, sera mentionné dans l'acte même du jugement et servira de base à sa condamnation à mort.

A la suite d'Armande du Tréhand, est amenée une troisième prévenue à l'interrogatoire de laquelle il est aussitôt procédé :

(1) Mis pour Montaigu évidemment.

INTERROGATOIRE DE MARIE-JEANNE THIBAULT
DE LA PINIÈRE

« La troisième,

R. — S'appeller Marie-Jeanne Thibault, dite de la Pinière, native d'Angers, âgée de cinquante huit ans, ci-devant noble et n'avoir que cela à se reprocher, demeurant à Tiffauges, département de la Vendée.

D. — Si elle est fille ?

R. — Que oui.

D. — Si elle a un frère et un neveu émigrés ?

R. — Que oui ; mais qu'ils ne demeuraient point avec elle.

D. — Si elle n'aimait point les prêtres assermentés ?

R. — Qu'elle n'a jamais aimé ni les uns ni les autres (1).

Obj. — Qu'il faut bien qu'elle aime les prêtres réfractaires, puisqu'elle est allée à leur messe ?

R. — Que la loi ne lui défendait pas d'y aller, puisqu'il (sic) exerçait son culte publiquement.

D. — De quel œil elle voyait la Révolution républicaine ?

R. — Qu'elle la voyait d'un œil assez tranquille, n'ayant encore manqué de rien.

D. — Si elle croit que le prêtres et nobles ayent bien fait de tenter la contre-révolution ?

R. — Que non et leur (a) fait part de son opinion à cet égard.

Obj. — Qu'elle en impose, car il est prouvé qu'elle (a) logé chez elle le chef des brigands. noé (nommé) Darmaillé.

R. — Qu'elle l'a déclaré à Chollet et qu'il est entré chez elle par force, ayant défoncé des portes ».

Comme un certain nombre de personnes âgées, Marie Thibault n'avait pas approuvé le fait de l'insurrection vendéenne. Tous ces bruits de guerre troublaient trop ses habitudes de paix et de tranquillité. Elle croyait, à tort, que dans la circonstance, devait s'appliquer le proverbe : « Plus fait douceur que violence ». Mais, au point de vue religieux, sa fermeté est invariable ; elle ne cherche aucune excuse à l'accusation, portée contre elle, d'avoir assisté à la messe des prêtres restés catholiques et de s'être détournée des assermentés. Elle l'accepte tout entière.

Ce triple interrogatoire se clôt par la formule ordinaire :

(1) Elle crut, non sans raison, remarquer une intention mauvaise, chez le juge, dans l'emploi du mot *aimer*, c'est pour cela, à n'en pas douter, qu'elle fit la réponse générale qui précède.

« D. — Si leurs réponses contiennent vérité et s'ils (sic) savent signer ?

R. — Que oui et ont signé.

Marie du Tréhand, Armande Duterehan Rousay (1), Marie-Jeanne
Thibault.

Clos et arrêté le présent interrogatoire à Angers, les dits jour, mois et
an que dessus.

Félix président. Loizillon Scre (2) »

(1) Rousay. C'était vraisemblablement, nous l'avons dit, un titre de
propriété.

(2) *Arch. de la cour d'Angers*, Comité révol. Liasse 10. (Aujour-
d'hui Arch. dép. L. 749 *quater* et 1167).

VIII

Jugement, condamnation à mort et exécution
de Marie et Armande du Tréhand
et de Marie-Jeanne Thibault, le 7 pluviôse.

Les interrogatoires qui précèdent étaient les préliminaires du jugement ; ils en avaient déterminé les bases. La justice révolutionnaire ne pouvait plus dès lors souffrir aucun délai. Aussi le jugement fut-il rendu séance tenante. On y voit clairement indiquée l'importance attachée par les juges au grief d'avoir assisté à la messe des prêtres réfractaires.

Ce document important est ainsi conçu :

« La liberté ou la mort.
République française une et indivisible.
Jugement de la commission militaire établie près l'armée de l'Ouest, le 10 juillet 1793 (vieux style) par les représentants du peuple, qui condamne à la peine de mort les filles Marie Dutréan, Armande Dutréan. natives de Mortagne, Marie-Jeanne Thibault, dite la Pinière, native d'Angers ; toutes trois ci-devant nobles, *atteintes et convaincues de conspiration envers la République française* ».

Atteintes et convaincues de conspiration envers la République !

Comment, en tête de leur sentence, les juges pouvaient-ils émettre une semblable affirmation qu'ils savaient avoir été formellement contredite par les dépositions des prévenues? Comme c'est bien le cas de dire :

O Justice, que d'injustices on commet en ton nom !

Suit la teneur proprement dite du jugement :

« Séance publique tenue à Angers, le 7 pluviôse, l'an second de la République française, une et indivisible et le premier de la mort du Tyran.

Sur les questions de savoir si les filles Marie Dutréan, Armande Dutréan, natives de Mortagne, Marie-Jeanne Thibaut, dite la Pinière, native d'Angers, toutes trois ci-devant nobles, sont coupables :

1° D'avoir eu des correspondances intimes avec les brigands de la Vendée,

2° D'avoir servi leurs projets contre-révolutionnaires, en restant constamment dans les pays qu'ils avaient envahis et dont la rébellion s'est manifestée si ouvertement contre les principes d'égalité et de liberté,

3° D'avoir secondé les efforts du fanatisme et de la guerre civile qui a éclaté dans la Vendée, en assistant exactement aux messes contre-révolutionnaires que les scélérats de prêtres y disaient,

4° Enfin d'avoir provoqué au rétablissement de la royauté et à la destruction de la République française ;

Considérant que les trois dénommées ci-dessus ont eu des intelligences avec les brigands de la Vendée ;

Considérant qu'il est prouvé qu'elles ont servi toutes trois les projets contre-révolutionnaires de ces mêmes brigands, en restant constamment dans le pays qu'ils avaient envahi et dont la rébellion s'est manifestée si ouvertement contre la souveraineté nationale ;

Considérant que les nobles sont les ennemis déclarés des principes d'égalité et de liberté ; que la guerre civile, qui a éclaté dans la Vendée, ne provient que de leur coalition avec les prêtres réfractaires dont les crimes font horreur à retracer ;

Considérant qu'il est prouvé que, pour seconder les efforts de ces scélérats, elles assistaient toutes trois aux messes contre-révolutionnaires qu'ils disaient, pour engager les fanatiques à massacrer les défenseurs de la patrie, ce qu'ils font encore ;

Considérant enfin que, par l'ensemble des délits commis par les trois dénommées ci-dessus, il est prouvé impérieusement qu'elles ont toutes trois provoqué au rétablissement de la royauté et conspiré contre la souveraineté du peuple français ;

La commission militaire les déclare atteintes et convaincues du crime de conspiration envers la République française.

Et, en exécution de la loi du 9 avril 1793, art. 1, portant : « La Convention nationale met au nombre des tentatives contre-révolutionnaires la provocation au rétablissement de la royauté ».

Et encore, en exécution de la loi du 19 mars 1793, art. 1 et 6, portant : « Art. 1. Ceux qui sont ou seront prévenus d'avoir pris part aux révoltes et aux émeutes contre-révolutionnaires qui ont éclaté ou éclateraient à l'époque du recrutement, dans les différents départements de la République et ceux qui auraient pris ou prendraient la cocarde blanche ou tout autre signe de rébellion, sont hors de la loi. En conséquence, ils ne peuvent profiter des dispositions des lois concernant la procédure criminelle et l'institution des jurés ».

« Art. 6. Les prêtres, les ci-devant nobles, les ci-devant seigneurs, les émigrés, les agents, les domestiques de toutes ces personnes, les étrangers et ceux qui ont eu des emplois ou exercé des fonctions publiques dans l'ancien gouvernement, ou depuis la Révolution, ceux qui auront provoqué ou maintenu quelques-uns des attroupements des révoltés ; les chefs, les instigateurs, ceux qui auront des grades dans ces attroupemens et ceux qui seraient convaincus de meurtre, d'incendie ou de pillage subiront la peine de mort ».

La commission militaire condamne Marie Dutréan, Armande Dutréan, Marie-Jeanne Thibaut, dite la Pinière, toutes trois ci-devant nobles, à la peine de mort.

Et sera le présent jugement exécuté dans les 24 heures.

Et enfin, en exécution de la même loi du 19 mars 1793, art. 7, portant « La peine de mort, prononcée dans les cas déterminés par la présente loi, emportera la confiscation des biens ; il sera fourni, sur les biens confisqués, à la subsistance des pères, mères, femmes et enfants qui n'auraient pas d'ailleurs des biens suffisants pour leur nourriture et entretien. On prélèvera, en outre, sur le produit des dits biens, le montant des indemnités dues à ceux qui auront souffert de l'effet des révoltés, La commission militaire déclare les biens des dites Marie Dutréan, Armande Dutréan, Marie Thibault, acquis et confisqués au profit de la République.

Et sera le présent jugement imprimé et affiché.

Ainsi prononcé. d'après les opinions, par Antoine Félix, président, François Millier, François Laporte, Jacques Hudoux, Joseph Roussel, tous membres de la commission militaire établie, près l'armée de l'Ouest, par les représéntants du peuple français, en séance publique tenue à Angers le 7 pluviôse, l'an second de la République française, une et indivisible et le premier de la mort du Tyran.

(Signé) Félix, président, Millier, Laporte, Hudoux, Roussel, Loizillon secrét. (1) ».

Telle est l'œuvre d'iniquité accomplie par la commission militaire d'Angers, le 26 janvier 1794. Nous mettons au défi quiconque veut se montrer impartial, de trouver, dans les différents textes de lois, invoqués ci-dessus, un seul point s'appliquant au cas des trois condamnées en dehors du *crime* d'être nobles. Il n'y a, dans tout ce fatras de considérants rien, absolument rien de fondé, sauf le *délit d'avoir assisté aux messes des*

---

(1) A Angers, de l'imprimerie Jahyer et Geslin, imprimeurs libraires, rue Milton, l'an 2 de la République une et indivisible. *Arch. de la Cour d'Angers*, Comité révol. Liasse 10. (Auj. Arch. dép.).

bons prêtres qui avaient refusé le serment ; et c'est justement ce qui donné à leur condamnation à mort son
véritable caractère, comme nous le ferons ressortir au
chapitre XI.

Le jugement accordait 24 heures pour l'exécution de
la sentence ; mais la justice révolutionnaire était expédi-
tive ; c'est le soir même, à quatre heures, que tombèrent
sous le couperet de la guillotine, les têtes de Marie et d'Armande du Tréhand, et de Marie Thibault coupables d'a-
voir gardé fidèlement la foi catholique, en assistant aux
messes dites par les prêtres insermentés. L'immolation
eut lieu sur la place du Ralliement, à Angers (1).

Après leur condamnation, les infortunées eurent
quelques heures à peine pour se préparer à la mort. Il
est vrai que cette préparation était commencée depuis le
jour de leur arrestation. Cependant, à cette heure suprême la Providence leur ménagea une faveur inatten-
due. De la même fournée faisait partie un bon prêtre qui
avait refusé le serment et qui, pour ce crime irrémis-
sible, était condamné lui aussi à porter sa tête sur l'échafaud. Il se nommait Charles-Marie-Joseph Huault, dit la
Bernarderie, précédemment curé de Craon, au diocèse
d'Angers (2). Il est hors de doute que ce prêtre les ex-
horta à la mort et que, vraisemblablement, il entendit
leur dernière confession. Dans ces conditions, le sacrifice de leur vie dut se faire avec plus de générosité et
une grande confiance en la miséricorde divine.

L'abbé Gruget qui, d'une fenêtre donnant sur la place
du Ralliement, a été témoin des nombreuses exécutions
accomplies en ce lieu et qui en a relaté, au jour le jour,
le souvenir en ses *Mémoires* si intéressants, dit de nos
Vendéennes :

(1) Liste donnant les noms des victimes, le jour et l'heure de chaque
exécution. Voir *Anjou historique* (mai 1903), p. 579-596.

(2) *Anjou historique, ibid.* Il était natif du Mesnil et âgé alors de
47 ans.

« Le dimanche, 26 janvier (1794), six autres furent encore condamnés à la mort et exécutés le même jour, savoir :

Demoiselle Marie Dutréan, fille, native de la paroisse de Mortagne, près Cholet ;

Armande Dutréan, sa sœur, fille, aussi native de la paroisse de Mortagne, près Cholet ; *toutes deux recommandables par leur piété et leurs bonnes œuvres* ;

Demoiselle Marie-Jeanne Thibault la Pinière, native de la ville d'Angers, ...toutes nobles et de condition... »

L'abbé Gruget n'oublie pas de mentionner, parmi les victimes de ce jour, M. « Huau de la Bernarderie, âgé, dit-il, d'environ 50 ans, curé infiniment respectable et attaché à son devoir (1) ».

Ainsi tombèrent pour la foi, le 7 pluviôse, 26 janvier 1794, Marie et Armande du Tréhand, trois fois sœurs par le sang, la foi et le martyre, et Marie-Jeanne Thibault de la Pinière.

(1) *Mémoires et Journal de l'abbé Gruget,* p. 50 et 88. Publiés par M. Queruau-Lamerie. Angers, Germain et Grassin 1902.

IX

Interrogatoires du 8 pluviôse,
par la commission militaire d'Angers, de Charlotte du Tréhand, veuve de Chabot et de Bénigne de Bessay.

Le lendemain du jour où avaient été interrogées, jugées et exécutées les trois premières victimes, les deux autres furent appelées devant la commission militaire pour subir le même sort. C'étaient Charlotte du Tré-hand, veuve de Chabot, et Bénigne de Bessay. L'inter-rogatoire, auquel elles furent soumises, n'était que pour la forme. Tout était préparé d'avance pour leur condamnation. La première qui comparut fut Char-lotte du Tréhand. Voici ce qui lui fut demandé.

INTERROGATOIRE DE CHARLOTTE DU TREHAND, VEUVE DE CHABOT

« Le huit pluviôse, l'an second de la République française, une et in-divisible, nous, président et membres composant la commission mili-taire, établie près l'armée de l'Ouest, réunis au lieu ordinaire de nos séances, dans la ci-devant église des Jacobins de la commune d'Angers, avons fait venir de la maison d'arrêt les dénommées que nous avons interrogées ci-après.

D. — Leur nom, âge profession et demeure, serment pris de dire vé-rité.

La première. — R. — S'appeler Charlotte Dutréan, veuve Chabot, ci-devant noble, âgée de soixante huit ans, native, demeurant à Mon-taigu.

D. — Pourquoi elle est emprisonnée ?

R. — Qu'elle n'en sait rien ; qu'elle a toujours été chez elle, d'où on l'a amenée ici.

D. — Où sont ses enfants et s'ils sont émigrés ?

R. — Qu'elle n'en sait rien.

D. — Pourquoi elle a fui l'armée républicaine, pour aller au Longeron ?

R. — Qu'étant malade, on l'emmena par force, pour l'empêcher d'être assassinée.

D. — Si (elle) allait assidument aux maisses des prêtres réfractaires ?

R. — Qu'elle y allait, quand elle pouvait.

D. — Si elle a voulu aller à la messe des prêtres assermentés ?

R. — Que non ».

C'est tout ce qui fut demandé à la prévenue. Par ces deux dernières affirmations elle avait signé sa propre condamnation. Ce qui, la veille, était arrivé à ses deux cousines et à leur compagne lui marquait clairement le sort qui l'attendait elle-même ; mais plutôt que de forfaire à la vérité, elle n'hésita pas à attirer sur elle la colère des juges.

Après elle, fut mandée une étrangère, Rosalie Duverdier, ex-religieuse du Calvaire à Chemillé. Nous la passons sous silence, comme n'appartenant pas à notre diocèse.

La troisième appelée était demoiselle Bénigne de Bessay. On lui adressa les questions suivantes.

INTERROGATOIRE DE BÉNIGNE DE BESSAY

« La troisième s'appeller.

R. — Bénigne Bessai, âgée de soixante deux ans, natif (sic) de Tiffauges (1), y demeurant, fille ci-devant noble.

D. — Si elle a des frères et des sœurs ?

R. — Qu'elle a un frère et deux sœurs ci-devant religieuses au Roncerai et qu'elle ignore où elles sont, ainsi que son frère qu'elle croit en Hollande.

D. — Si elle était attachée aux prêtres réfractaires ?

R. — Qu'elle était attachée à sa relligion.

D. — Si elle l'était aussi à la contre-Révolution ?

R. — Qu'elle ne s'en est pas mêlée.

Obj — Que la Relligion n'a jamais prêché le meurtre et le carnage.

R. — Qu'elle ignore tout cela.

_____

(1) Le secrétaire a mal compris ; elle habitait Tiffauges, mais n'y était pas née ; elle était née à Saint-Martin-Lars, près Tiffauges.

D. — De quel œil elle regardait les prêtres assermentés ?

R. — A dit que cela ne la regardait pas.

D. — Comment elle regardait les prêtres réfractaires ?

R. — Qu'elle les regardait comme les dignes ministres du Seigneur.

Obj. — Qu'ils faisaient assassiner tous les jours les patriotes ?

R. — Qu'elle ignorait tout cela.

D. — Si leurs réponses contiennent vérité et s'ils (sic) savent signer ?

R. — Que oui et ont déclaré ne savoir signer, hors les soussignés.

Bessay, Charlotte Du tréhand, veufve Chabot.

Clos et arrêté le présent interrogatoire à Angers, les dits jour, mois et an que dessus.

Félix président, Loizillon S^{re} (1) ».

On ne saurait trop admirer la fermeté et la sainte énergie de Bénigne de Bessay, en plusieurs de ses réponses. C'était une âme fortement trempée dans la foi de l'Eglise catholique, apostolique et romaine. Elle ne pouvait, en parlant ainsi, se faire illusion sur les suites de son langage. Mais elle s'estimait heureuse de pouvoir, comme les apôtres, souffrir quelque chose pour Jésus-Christ ; c'est pourquoi elle confessa sa foi avec une telle force que les juges eux-mêmes en durent être étonnés.

(1) *Arch. de la Cour d'Angers,* Comité révol. Liasse 10 (Aujourd'hui arch. départ.)

X

Jugement, condamnation à mort et exécution, le 8 pluviôse, de Charlotte du Tréhand, veuve de Chabot, et de Bénigne de Bessay.

Ainsi qu'elle avait fait la veille, la commission militaire prononça son jugement, séance tenante ; et, comme on devait s'y attendre, ce jugement fut une sentence de mort.

Bien que cette seconde sentence soit, en fait, une répétition presque textuelle de la précédente, nous avons cru néanmoins devoir la reproduire, à cette place, et en son entier. Il semble que, sans cette pièce, il manquerait un fleuron à la couronne de nos deux nouvelles martyres.

Condamnation à mort, de Charlotte du Tréhand et de Bénigne de Bessay :

« La liberté ou la mort.
République française, une et indivisible.
Jugement de la commission militaire, établie près l'armée de l'Ouest, le 10 juillet 1793 (style esclave), par les représentants du peuple, qui condamne à la peine de mort, Charlotte Dutréan, veuve Chabot, native de Montaigut, Bénine Bessé, native de Saint-Martin-Lare, atteintes et convaincues de conspiration envers la République française.

Séance publique tenue à Angers, le 8 pluviôse, l'an second de la République française, une, indivisible et le premier de la mort du Tyran.

Sur les questions de savoir si Charlotte Dutréan, veuve Chabot, native de Montaigut, Bénine Bessé, native de Saint-Martin-Lare, sont coupables

1° D'avoir eu des intelligences avec les brigands de la Vendée ;

2° D'avoir (Charlotte Dutréan, Bénine Bessé) servi leurs projets liberticides, en restant constamment dans les pays qu'ils avaient envahis, et, par leur présence, avoir excité ou maintenu leur révolte, soit par leurs conseils, écrits ou facultés pécuniaires ;

3° D'avoir secondé les efforts du fanatisme et de la guerre civile qui a éclaté dans la Vendée, en assistant exactement aux offices contre-révolutionnaires que les scélérats de prêtres y chantaient sous l'étendart sanglant de la Tyrannie ;

4° D'avoir crié : vive le roi, lorsque les patriotes furent désarmés, aux Gardes (Marie Humeau) (1).

5° D'avoir provoqué au rétablissement de la royauté et à la destruction de la République française.

Considérant qu'il est prouvé que Charlotte Dutréan, Bénine Bessé, toutes deux ci-devant nobles, ont eu des intelligences avec les brigands de la Vendée ;

Considérant qu'il est également prouvé qu'elles ont servi, toutes deux, les projets contre-révolutionnaires de ces mêmes brigands, en restant constamment au milieu d'eux ;

Considérant que les ci-devant nobles sont les ennemis déclarés des principes d'égalité et de liberté ; que la guerre civile, qui a éclaté dans la Vendée, ne provient que de leur coalition avec les prêtres réfractaires dont les crimes font horreur à retracer ;

Considérant qu'il est prouvé que, pour seconder les efforts criminels de ces scélérats, elles assistaient toutes deux aux offices contre-révolutionnaires qu'ils chantaient, pour engager les fanatiques à massacrer les défenseurs de la patrie ;

Considérant enfin que, par l'ensemble des délits commis par Charlotte Dutréan, Bénine Bessay, toutes deux nobles, il est prouvé invinciblement qu'elles ont, toutes deux, provoqué au rétablissement de la royauté et à la destruction de la République française ;

La commission militaire les déclare atteintes et convaincues de haute trahison et conspiration envers la souveraineté du peuple français.

Et, en exécution de la loi du 9 avril 1793, art. 1er (2) ;

Et encore, en exécution de la loi du 19 mars art. 1er et 6 ;

La commission militaire condamne Charlotte Dutréan, veuve Chabot, Bénine Bessé, toutes deux nobles, à la peine de mort.

Et sera le présent jugement exécuté dans les 24 heures.

Et enfin, en exécution de la même loi du 19 mars 1793, art. 7 ;

La commission militaire déclare les biens des dits (sic) Charlotte Dutréan, Bénine Bessé acquis et confisqués aux profits de la République.

Et sera le présent jugement imprimé et affiché.

Ainsi prononcé d'après les opinions par Antoine Félix, président,

(1) Femme, née à la Salle et domiciliée aux Gardes, condamnée à mort en même temps que nos deux Vendéennes. Le 4° considérant la visait uniquement. Elle fut exécutée le 18 pluviôse.

(2) Voir le texte de cet article et de ceux qui suivent dans l'acte du jugement du 7 pluviôse, cité p. 46 et 47. Ce sont les mêmes articles.

François Laporte, Jacques Hudoux, Joseph Roussel, tous membres de la commission militaire et Marie Obrumier suppléant, en séance publique, tenue à Angers, le 8 pluviôse, l'an second de la République française, une, indivisible et le premier de la mort du Tyran.

Félix président, Millier, Laporte, Hudoux, Roussel, Obrumier suppléant, Loizillon, secrétaire (1) ».

De ce jugement nous dirons ce que nous avons dit du précédent : c'est qu'en dehors du double crime d'être *nobles* et *fanatiques*, aucun des griefs relevés contre les deux prévenues ne leur était imputable. Par cette épithète de *fanatiques* qu'on leur jetait à la face, on entendait leur fidélité à la foi catholique et, dans le cas présent, l'acte d'avoir assisté aux messes des prêtres non sermentaires.

Une particularité est à noter dans ce jugement. Il avait été rédigé *avant la séance* dont nous venons de tracer la physionomie et signé par les mêmes membres de la commission militaire qui avaient siégé la veille. Or le 8 pluviôse, un des membres de la commission, *Millier*, fut empêché de monter à son siège et on le remplaça, à la dernière heure, par un *suppléant*, le citoyen Obrumier. Mais déjà la signature de Millier avait été apposée au pied de la sentence capitale et elle y est restée comme un témoin de l'iniquité commise, à côté de celle d'Obrumier, son suppléant. La justice révolutionnaire ne se troublait pas pour si peu. Ces illégalités étaient à l'ordre du jour. Il n'en reste pas moins que de tels jugements sont, à tous points de vue, entachés de nullité.

Une fois la sentence prononcée, on se préoccupa aussitôt de sa mise à exécution ; elle eut lieu dans la soirée du même jour, à 4 heures, sur la place du Ralliement (2). Nos deux Vendéennes avaient avec elles

(1) A Angers, de l'imprimerie nationale, chez Jahyer et Geslin imprimeurs,-libraires, rue Milton. *Arch. de la Cour d'Angers* Comité révol. Liasse 10 (aujourd'hui arch. dép.)

(2) Liste indiquant les noms des victimes, le jour et l'heure de chaque exécution. (*Anjou historique*), mai 1903 p. 579-5

trois compagnons d'infortune, condamnés à mort pour des motifs politiques (1).

Etant donné les vifs sentiments de foi exprimés, dans leurs interrogatoires, par Charlotte du Tréhand et Bénigne de Bessay, il est hors de doute qu'elles consacrèrent à leur préparation à la mort le peu de temps qui leur resta après la séance du matin. Peut-être purent-elles, le jour précédent, faire une dernière confession de leurs fautes à M. Huault de la Bernarderie interné comme elles, et pour un délit analogue, celui d'avoir refusé le serment constitutionnel.

L'abbé Gruget, témoin des exécutions qui avaient lieu sur la place du Ralliement, nota dans ses *Mémoires* les noms des nouvelles victimes, comme il l'avait fait, la veille, pour les trois qui les avaient précédées. On y lit :

« Le lundi, vingt sept janvier (1794) (2), cinq personnes furent encore conduites au tribunal, condamnées à mort et exécutées le même jour, savoir :

Dame Charlotte Dutréan, veuve Chabot, native de Mortagne (3) ;

Demoiselle Béninne de Bessé, fille de la paroisse de Saint-Martin de Larre, en Poitou ;... (4) ».

Ainsi fut consommée l'immolation de Charlotte du Tréhand et de Bénigne de Bessay, mises à mort pour la foi à laquelle elles étaient restées attachées, malgré tous les efforts tentés pour les en séparer.

Louise-Marguerite de Bessay et Marie-Anne Acher-du-Bois, leurs compagnes d'arrestation et de captivité, furent réservées pour un autre genre de supplice. Après avoir de nouveau affirmé courageusement leur foi dans un court interrogatoire, en la prison, le 18 plu-

(1) Rosalie Duverdier, ci-devant noble ; Marie Humeau, des Gardes ; René Bellanger, marchand à Bousse.

(2) 8 pluviôse.

(3) Petite erreur ; elle était née à Montaigu.

(4) *Mémoires et Journal* de l'abbé Gruget, p. 50-51 et 89.

viôse (6 février 1794), elles furent conduites, quatre jours après, le 22 pluviôse (10 février) au Champ-des-Martyrs, situé aux portes d'Angers et elles y furent atrocement fusillées avec, dit-on, deux cents autres victimes (1).

(1) Voir, *Deux Vendéennes fusillées à Angers, au Champ-des-Martyrs* p. 16 et sq.

XI

Marie, Armande et Charlotte du Tréhand, Bénigne de Bessay et Marie-Jeanne Thibault martyres pour la foi.

Contre les cinq victimes qu'elle venait d'immoler, savoir : Marie et Armande du Tréhand, Charlotte du Tréhand, veuve de Chabot, Bénigne de Bessay et Marie-Jeanne Thibault de la Pinière, la commission militaire d'Angers avait relevé quatre charges principales.

Elle les accusait 1° *d'avoir entretenu des correspondances avec les brigands de la Vendée.* Or, on ne l'a pas oublié, elles ont nié le fait, de la manière la plus formelle, dans leurs dépositions ; et, d'autre part, aucune preuve du contraire ne fut apportée contre elles, puisque, dans ce procès, il n'est fait mention d'aucun témoin à charge ou à décharge. Le maintien de ce premier grief, dans les considérants du jugement, était donc, de la part des juges, un pur parti-pris, inspiré par la haine et la vengeance.

On leur reprochait, en second lieu, *d'avoir servi les projets contre-révolutionnaires des brigands, en restant constamment dans leur pays.* Cette accusation n'était pas mieux fondée que la première. Leurs réponses à cet égard sont, en effet, des plus catégoriques. *Elles ne s'étaient mêlées, en rien, des affaires publiques ; elles restaient tranquilles à leur foyer ; de leur aveu, les femmes ne devaient pas s'immiscer dans des affaires qui ne regardent que les hommes.* (1) Tel est le sens de leurs réponses dans les interrogatoires des 1ᵉʳ, 2, 7 et 8 pluviôse. Elles n'avaient donc aucunement servi les projets des Vendéens. D'ailleurs, quelle influence pouvaient exercer autour d'elles ces cinq femmes, dont deux avaient dépassé la soixantaine et la plus jeune atteignait 53 ans ? A raison sans doute de leur âge, où l'on est si sensible aux moindres émotions, elles avaient généralement désapprouvé le mouvement insurrectionnel de la Vendée et, pour le même motif, s'étaient tenues en dehors de toute action politique. Cela n'empêcha pas les membres du comité de surveillance de Cholet d'accompagner l'envoi de l'interrogatoire de deux d'entre elles de la fiche suivante : « Est rentrée, depuis le commencement de l'insurrection, dans le païs des brigands et *peut bien être regardée comme telle* (2) ». Ce « *peut bien être* » nous dit la mentalité de ces hommes et le sans façon avec lequel, dans tous leurs actes, ils se jouaient de la vie des catholiques qui, à leurs yeux, étaient des ennemis. Dans ces questions, le simple bon sens eût dû suffire à éclairer les juges ; mais, on le sait, rien n'aveugle comme la passion. Les affirmations, absolument mensongères, de ce deuxième considérant en sont la preuve.

Un quatrième grief (3), ridicule autant que méchant, les déclarait coupables *d'avoir provoqué au rétablissement de la Royauté et à la destruction de la République.* Nous ne nous attarderons pas, après ce qui vient d'être dit, à combattre cette nouvelle accusation ; elle tombe d'elle-même et achève de montrer le caractère d'injus-

(1) Interrogatoires, passim.

(2) Voir ci-dessus chapitre VI.

(3) Ce considérant vient en *cinquième* lieu dans le jugement condamnant à mort Charlotte du Tréhand et Bénigne de Bessay. Le *quatrième* considérant ne visait, ainsi qu'il a été dit, que Marie Humeau, des Gardes.

tice et de parti-pris dont portent l'empreinte tous les actes révolutionnaires de cette époque.

Reste le troisième considérant, imputant aux prévenues un délit de lèse-Révolution, celui *d'avoir assisté aux messes contre-révolutionnaires, dites par les prêtres réfractaires*. Cette accusation, que nous avons réservée en dernier lieu, était la seule véritable. Ici, le fait reproché était fondé. Les cinq accusées ne s'en sont pas défendues ; au contraire, elles l'ont reconnu et avoué franchement, comme un acte de conscience, tout à leur honneur, et cela à plusieurs reprises.

De ce qui précède il résulte donc que, de tous les griefs relevés contre elles, un seul était vrai, le grief religieux, signalé par le troisième considérant. En conséquence, nous devons admettre que *l'unique et véritable cause* de leur condamnation a été *l'acte* désigné par les juges sous le nom d'*assistance à la messe des prêtres insermentés*, délit légal, aggravé par le refus de participer aux offices des ministres intrus qui avaient prêté le serment schismatique.

Devant la loi révolutionnaire, cet acte constituait, en effet, un véritable délit, et même un délit grave. Dans l'interrogatoire qu'il fit subir aux deux sœurs du Tréhand avant le prononcé de la sentence de mort, le président Félix le qualifie de « crime ». Marie du Tréhand ayant avoué qu'elle avait été à la messe des prêtres, dits réfractaires, et non à celle des constitutionnels, Félix lui répondit : « Qu'elle devait savoir qu'elle commettait un *grand crime* ». Tout le mal venait de là, attendu que les messes des insermentés, étaient « *contre-révolutionnaires* (1) ». Assister à ces messes, c'était se déclarer contre la Révolution. Il y avait, par suite, entre la Révolution et la Religion catholique opposition radicale. L'acte de ces saintes filles et de leurs compagnes était con-

(1) Interrogatoire du 7 pluviôse.

séquemment un acte criminel, digne de châtiment, digne de mort.

Tel était le raisonnement des juges, au point devue légal et tel fut le jugement qu'ils rendirent à la suite des interrogatoires.

Nous avons là une preuve indéniable du caractère anti-religieux de la Révolution et le motif vrai de la violence qu'elle ne cessa de montrer pour combattre et détruire en France la Religion catholique, apostolique et romaine. Par suite, nous apparaissent, clairs comme le jour, les motifs qui, dans le cas présent, portèrent les juges à prononcer la peine de mort.

Les cinq femmes courageuses, qui sont l'objet de cette notice, ont donc été les victimes de cette fureur véritablement satanique dont on retrouve la trace en toutes les lois et tous les actes de la Révolution.

Daigne le Souverain Pontife faire bon accueil à cette cause où le courage des simples fidèles, dans la confession de leur foi, égale celui des prêtres et des religieux. De part et d'autre, en effet, c'est le même aveu public des sentiments chrétiens, le même abandon à la Providence, la même générosité dans l'immolation suprême.

En conséquence, la Vendée catholique supplie humblement le Très Saint-Père de vouloir bien, par un jugement solennel, proclamer l'héroïcité de la mort de Marie et d'Armande du Tréhand, de Charlotte du Tréhand, veuve de Chabot, de Marie-Jeanne Thibault de la Pinière, de Bénigne de Bessay et leur décerner à toutes le glorieux titre de martyres que leur reconnaît déjà le peuple chrétien.

Glorieuses victimes, quel bel exemple vous nous donnez dans votre vie et votre mort ! En vous persécutant, en vous condamnant à mort et en faisant tomber vos têtes sur l'échafaud, la Révolution agissait par haine de la foi religieuse qui, au milieu de vos plus dures

épreuves et à l'heure de l'immolation suprême, péné-
trait si profondément vos cœurs. Obtenez-nous d'être,
comme vous, toujours fermes dans la foi catholique,
de vivre dans la fidélité à Dieu et de mourir un jour
dans son saint amour. Ainsi soit-il.

(N. B. *Cette prière est pour le culte privé seulement.*)

XII

BIBLIOGRAPHIE

Manuscrits.

Archives nationales F. 19. 1012.
Archives de la Cour d'Angers, Comité révolut. Liasse
10 (Aujourd'hui arch. départ.).
Arch. départ. de Maine-et-Loire, L. 749 ; 1165 ; 1160.
Arch. municip. d'Angers.
Registres paroissiaux de Mortagne.
   »   »   *de Boufféré.*
   »   »   *de Montaigu.*

Imprimés.

Dr Mignen. *Paroisses de Montaigu.*
Abbé Gruget, *Mémoires.*
Anjou historique, Revue, N° de mai 1903. Voir aussi
4ᵉ année, N° 6, p. 635 et sq.
Abbé Guillon, *Les Martyrs de la foi, pendant la Révo-
lution.* Paris Germain-Mathiot, 1821.
F. Uzureau, *Andegaviana,* Série 1, année 1904.
L. Misermont, *Les Sœurs Marie-Anne et Odile fusil-
lées à Angers.*
Vendée Historique, Revue IV, 181 ; VII, 129 et sq. ;
X, 411, 434 et sq ; XI 361 et sq.

PIÈCES JUSTIFICATIVES

I

*Descendance de Charles-Louis de CHABOT
et de Charlotte-Augustine du TREHAND*

Du mariage de Charles-Louis de Chabot et de Charlotte-Augustine du Tréhand, célébré le 10 janvier 1747, naquirent sept enfants :

Charles-Augustin, qui suit, baptisé à Montaigu, le 7 janvier 1748 ;

Esprit-Louise-Charlotte, baptisée à Boufféré, le 20 avril 1750 ;

Marie-Charles, baptisé au même lieu, le 16 août 1751 ;

César-Auguste, baptisé à Montaigu, le 16 mars 1753. Chevalier, enseigne de vaisseaux en 1776, puis commandant de la corvette Livelly ; mort célibataire, en exerçant ce commandement.

Anne-Hilarion, baptisé à Boufféré, le 8 août 1754 ;

Modeste-Pélagie, baptisée au même lieu, le 3 novembre 1756 ;

Anne-François, baptisé aussi au même lieu, le 29 mars 1760.

I. — Charles-Augustin, comte de Chabot, chevalier, seigneur de Thénies, le Bouchaud, le Parc-Soubise, devint successivement lieutenant, puis capitaine au régiment de la Couronne-Infanterie. En 1787, il fut nommé membre de l'assemblée provinciale du Poitou, comme l'un des représentants de la noblesse de cette province et assista, en personne, à l'assemblée, tenue à Poitiers, en 1789, pour élire les députés aux Etats généraux. Il avait acquis, le 28 juillet 1777, de Pierre Bonfils, écuyer, la terre et baronnie du Parc-Soubise, celle de Mouchamps et les châtellenies de Vendrennes et de Saint-Hilaire-le-Vouhis. Emigré en 1792, il fit la campagne de l'armée de Condé et fut fait chevalier de Saint-Louis en 1816. Il avait épousé, le 9 juillet 1775, Michelle-Françoise Le Botteuc de Coessal, fille de Michel et de Prudence-Thérèse de Santo Domingo, et mourut en 1817, ayant eu :

Augustin-Prudent, comte de Chabot, né le 4 avril 1776, qui émigra comme son père et servit dans l'armée de Condé, prit part, comme lieutenant, à la malheureuse expédition de Quiberon, et passa ensuite dans l'armée vendéenne. Après la Restauration, en 1815, il devint colonel, chef d'état-major du général comte de Suzannet et député de la Vendée. Mort célibataire le 20 décembre 1849 ;

Constantin-Joseph, qui suit, né le 30 novembre 1779 ;

Charles-Alexandre, né le 6 janvier 1785, qui fit la campagne de Leipsick, et commanda, en 1815, la division de Mouchamps, Sainte-Florence, etc. Mort le 22 août 1862.

Marie-Antoinette-Anne, née le 18 août 1778, morte en 1857.

Céleste-Eulalie, née le 8 juin 1788, décédée célibataire le 4 avril 1858.

II. — Constantin-Joseph, vicomte, puis comte de Chabot (après la mort de son frère aîné) qui commanda, en 1815, la division de Mouchamps et de Sainte-Florence. Le 24 avril 1819, il épousa Adélaïde Guerry de Beauregard, fille de Jacques, chevalier de Saint-Louis et de Constance-Henriette du Vergier de la Rochejacquelein, sœur des trois héros vendéens de ce nom. De cette union naquirent :

Auguste-Jean-François, comte de Chabot, qui suit, né le 17 septemdre 1825.

Charles-Raymond, vicomte de Chabot, né à Venansault, le 13 septembre 1827, qui épousa, le 7 juin 1859, Jeanne-Marie-Victurnienne Colbert de Maulévrier, dont il eut : *Raymond*, né le 6 octobre 1860, décédé le 24 octobre 1870 ; — *Jean-Marie-Constant*, né le 23 juin 1862 ; — *Jean-François*, né le 23 octobre 1876 : —*Marguerite-Marie-Victurnienne*, née le 12 juillet 1881 ; — plus 3 enfants morts en bas âge.

Jules Constantin, vicomte de Chabot, né le 13 février 1830, à Venansault, qui épousa, le 11 octobre 1853, Marie-Isabelle de la Corbière, dont il eut : 1° *Gérard Constantin*, né à Nantes, le 14 juillet 1854, lequel épousa, le 3 juin 1880, Marie-Julie-Victoire-Irène Foucher de Brandois, dont : Marie-Joseph-Henri Bernard, né au château de la Boissière, le 3 mars 1881 : et Marie-Josèphe-Agnès Aglaé, née au même lieu, le 23 septembre 1883 ; — 2° *Paul-Jacques-Raymond*, né le 30, mai 1864, à la Boissière, marié, le 13 juillet 1892, à Marie-Thérèse-Elisabeth de Ferrières-Sauvebœuf ; — 3° *Françoise-Marie-Mathilde*, née au même lieu, le 18 septembre 1858.

Marie-Constance, née le 1er septembre 1820, mariée, le 14 novembre 1843, à Paul-François-Henri Augier de Moussac ;

Georgine-Henriette-Françoise, née le 2 août 1823, mariée, le 14 novembre 1843, à Louis comte de Tinguy de Beaupuy, dont 12 enfants : *Marie-Joseph*, né le 12 juillet 1845 ; — *Georges-Henri*. né le 15 juillet 1846, marié, le 27 juin 1870, à Marie de la Roche ; — *Marie-Antoinette-Louise*, née le 24 août 1847 ; — *Henry-Marie*, né le 12 septembre 1849 ; — *Berthe-Elisabeth-Anne-Marie*, née le 24 janvier 1851, mariée, le 24 janvier 1874, à Théobald, marquis de Béjarry ; — *Marie-Clotilde*,

née le 14 juin 1852, décédée 6 jours après ; — *Charles,
Raymond-Yves-Marie*, né le 3 janvier 1854, en Missillac,
(Loire-Inférieure) ; — *Louis-Marie-Albert*, né le 24
juillet 1856, décédé le 22 février 1863 ; — *Marie-Thé-
rèse-Louise*, née le 7 mars 1858 ; — *Joseph-Louis-Marie*,
né le 15 septembre 1863 ; — *Louise-Marie-Georgette*,
née le 12 mai 1865 ; — et *Marguerite-Marie*, née le 8
juillet 1870, décédée le 26 du même mois ;

Louise-Adélaïde. née le 12 décembre 1834, mariée, le
25 janvier 1853, à Henri-Charles-Gabriel Savary de
Beauregard.

III. — *Auguste-Jean-François*, comte *de Chabot*, marié,
le 16 octobre 1855, à Charlotte-Marguerite du Buat,
dont il eut :

Guillaume-Marie-Constant, né le 27 septembre 1856,
qui suit :

Charles-Auguste, né le 24 mai 1859 ;
Robert, né le 4 septembre 1861, décédé en octobre 1861 ;
Raoul-Georges-Mary, né le 18 mai 1863 ;
Maurice-Joseph, né le 7 octobre 1864 ;
Madeleine-Charlotte, née le 7 février 1858, mariée,
le 16 novembre 1881, à René-Auguste-Marie-Marcel-
Charles, vicomte du Breil de Pontbriand de la Caune-
laye.

IV. — *Guillaume-Marie-Constant*, vicomte *de Chabot*,
comte après la mort de son père, marié, le 17 mai 1886,
à Jeanne-Marie de Tramecourt, dont il a eu

Pierre-Marie, né le 5 août 1887 ;
Victor-Marie, né le 5 janvier 1889 ;
Robert-Marie, né le 13 février 1890 ;
Edouard Marie, né le 14 février 1891, décédé le 13
avril suivant.

(Extrait de Beauchet-Filleau, *Dict. des familles du Poitou* et de divers ouvrages).

II

*Descendance de Isaac de Bessay
et de Catherine-Marguerite de Baudry d'Asson.*

Du mariage de Isaac de Bessay, écuyer, seigneur de la Vouste et autres lieux et de Catherine-Marguerite de Baudry d'Asson, fille de René, chevalier seigneur du Chastelier etc., et de Louise Le Maignan, célébré en 1718, naquirent au moins 14 enfants, parmi lesquels :

René-Esprit-Isaac, qui suit, lequel se maria deux fois : 1° à Xavière-Apolline-Josèphe de Langle, décédée le 13 mars 1772, âgée de 22 ans ; 2° à Marie-Jeanne-Louise-Aimée Jaillard des Forges, aux Sables-d'Olonne, le 22 juillet 1777.

Pour les 13 autres enfants issus de Isaac de Bessay et de Catherine-Marguerite de Baudry d'Asson, voir la note 2 de la page 22.

I. — *René-Esprit-Isaac*, écuyer seigneur du Chastelier, la Maison-Neuve, Reverac, la Brossardière etc., de son second mariage avec Marie-Jeanne-Louise-Aimée Jaillard des Forges, eut un fils, Paul-Isaac-Marie Félix qui suit :

II. — *Paul-Isaac-Marie Félix*, comte *de Bessay*, né le 8 septembre 1778, fit la guerre de Vendée en 1794, 1795 et 1796, en qualité d'aide de camp du général de Sapinaud ; le 30 août 1815, était sous-préfet de Fontenay. Il avait épousé, le 30 janvier 1800, Geneviève-Mélanie de Chataigner, dont il eut :

Jeanne-Coralie, née le 29 septembre 1801, mariée, le 28 novembre 1828, à Charles-Alexandre Durand de Coupé, inspecteur de l'enregistrement et des domaines ;

Paul-Isaac-Benjamin, qui suit, né le 7 octobre 1802 ;

Louis-Oscar, né le 21 septembre 1804 ;

Méline-Amélie, née le 6 mars 1807, mariée, le 25 juin 1838, à Jean-Jacques, baron de la Duhaisière ;

Paul-Urbain, né le 31 août 1811, qui embrassa l'état ecclésiastique et devint chanoine honoraire de Luçon ;

Victor-Xavier, né le 17 mai 1814, décédé le 30 septembre 1873 ;

Charles-Marie-Isaac, né le 27 janvier 1822 ;

Elisabeth-Félicité, née le 16 janvier 1824, mariée, le 2 mai 1848, à Isidore-Gabriel de Morineau ;

Octave, né le 30 septembre 1826.

III.. — *Paul-Isaac-Benjamin*, comte *de Bessay*, épousa, le 17 octobre 1828, Geneviève-Nelly-Henriette Gazeau de la Boissière, dont une fille unique :

Mélanie-Louise-Geneviève, née le 2 août 1829, mariée le 17 octobre 1853, à Marie-Antoine-Arthur, comte de de Beaumont de Verneuil d'Autry, ancien chambellan de l'empereur d'Autriche et ancien colonel d'état-major de l'armée pontificale. — De ce mariage sont issus plusieurs enfants :

IV. — *Amblard*, comte *de Beaumont* ;

Henriette, sœur de l'Espérance, à Toulouse.

Antoinette, insigne bienfaitrice de la Chapelle et de l'École, à Bourgenay.

N....., mariée à Henri de Guerry de Beauregard ;

Jeanne, mariée, en février 1889, à Pierre-Hippolyte de Cougny.

(Beauchet-Filleau, *Dict. des familles du Poitou.* — Reg. paroiss. de Saint-Martin-Lars, de Saint-Médard-des-Prés, etc.).

TABLE

—